DURCH STARTEN

DEUTSCH

7

COACHINGBUCH

Verfasser: Leopold Eibl und Wolfgang Ellmauer

Diesem Buch ist ein Lösungsheft zu den Übungen beigelegt.

Bibliografische Information der Deutschen Bibliothek:
Die Deutsche Bibliothek verzeichnet diese Publikation in der
Deutschen Nationalbibliografie; detaillierte bibliografische Daten
sind im Internet über http://dnb.ddb.de abrufbar.

QR Code® ist ein eingetragenes Warenzeichen von DENSO WAVE INCORPORATED.

VERITAS-VERLAG, Linz
www.durchstarten.at
Alle Rechte vorbehalten,
insbesondere das Recht der Verbreitung
(*auch durch Film, Fernsehen, Internet,
fotomechanische Wiedergabe, Bild-,
Ton- und Datenträger jeder Art*) oder
der auszugsweise Nachdruck
Gedruckt in Österreich auf umweltfreundlich
hergestelltem Papier

Lektorat: Klaus Kopinitsch
Textredaktion: Isabella Siegl
Grafische Gestaltung: Gottfried Moritz
Illustrationen: Stefan Stratil, Peter Friedrich
Satz: Breiner Grafik
Herstellung: Julia Bamberger
Der Verlag hat sich bemüht, alle Rechteinhaber
ausfindig zu machen. Sollten trotzdem Urheberrechte
verletzt worden sein, wird der Verlag nach Anmeldung
berechtigter Ansprüche diese entgelten.

1. Auflage 2014   ISBN 978-3-7058-9267-5

VER1TAS

Gemeinsam besser lernen

INHALT

Vorwort

Das Lernprogramm in diesem DURCHSTARTEN Coachingbuch orientiert sich an wichtigen **Kompetenzen**, die Lernende im Laufe der vier Schuljahre im Sekundarbereich 1 erwerben sollen.

In den Kapiteln **1–5** wird das **Rechtschreibbewusstsein** gefördert. Das Kapitel **6** leitet zur Grammatik über. Die Kapitel **7–10** laden ein, Sprache hinsichtlich ihrer **Grammatik zu reflektieren**. Die Kapitel **11–17** fördern die **Lese- und Schreibkompetenz** der Lernenden.

Diagnose – Stärken und Schwächen erkennen

Um eine **individuelle Förderung** zu ermöglichen, bietet das Buch als Vorspann zwölf **Diagnosetests** zur Rechtschreibung und Grammatik. Die Diagnosetests zeigen auf, wo der Schuh drückt. Entsprechend den Ergebnissen sollte man auch die **Reihenfolge** der Kapitel 1–10 wählen.

Aufbau der Kapitel

Die Kapitel sind **übersichtlich** und **klar strukturiert** gestaltet. In der **Kopfleiste** wird das Vorhaben (Wissen, Üben, Testen, Kompetenzen checken) der Buchseite aufgezeigt.

Jedes Kapitel ist in **Unterkapitel** gegliedert, die mit **A, B ...** gekennzeichnet sind.

Jedes Unterkapitel ist gleich strukturiert.

Auf der **linken Buchseite** verschafft man sich unter WISSEN die wesentlichen Wissensgrundlagen. Auf der **rechten Seite** werden zu den Wissensinhalten ÜBUNGEN angeboten. Schwierigere Übungen sind gekennzeichnet:

 bedeutet „mittel", ‼ bedeutet „schwierig"

Gegen Ende eines Kapitels wird unter TESTEN die Beherrschung des Gelernten überprüft. Eine Checkliste findet man unter KOMPETENZEN CHECKEN ganz zum Schluss jedes Kapitels. Hier wird auf Grund der Übungs- und Testergebnisse eingetragen, wie gut man einzelne Teilkompetenzen beherrscht: perfekt, ausreichend oder nicht ausreichend.

Inhaltliche Schwerpunkte

Hauptanliegen der **Rechtschreibförderung** ist der Erwerb von Rechtschreibstrategien, wobei die Strategie des regelorientierten Schreibens besonders betont wird. Der Schwerpunkt der **Sprachreflexion** liegt im Erkennen der veränderbaren Wortarten, der Satzglieder, der Satzarten und in der Einführung in die Textgrammatik.

Die **Lesekompetenz** wird am Beispiel von Sachtexten ausgebaut. Der Bogen der **Textproduktion** spannt sich von der Beschreibung über das kreative Schreiben bis zum Berichten und Argumentieren.

Empfehlung für die Arbeit mit dem Buch

Um einen nachhaltigen Lernerfolg zu erzielen, sollten **folgende Schritte** eingehalten werden:

DIAGNOSE → WISSEN → ÜBEN → TESTEN → KOMPETENZEN CHECKEN.

Als **Umfang einer Übungseinheit** empfehlen wir maximal **ein Teilkapitel** (A, B, C …).

Das Motto: *Lieber weniger, aber dafür genau!* Das betrifft vor allem auch die Seiten mit dem Wissensangebot. Hier sollte man Zeit investieren. Diese Investitionen lohnen sich beim Üben und Testen.

Bei vielen Übungen kann **direkt ins Buch** geschrieben werden, bei manchen Übungen ist ein **Hefteintrag** erforderlich. Daher wäre das Führen eines Übungsheftes empfehlenswert.

Ganz wichtig sind auch die **Tests** und die **Checklisten** am Ende jedes Kapitels. Es macht keinen Sinn, wenn man bei den Eintragungen nicht ehrlich ist. Jede(r) ist für das eigene Lernen verantwortlich. Falsche Eintragungen sind daher Selbstbetrug. Ein **Lösungsheft** mit den Lösungen und erklärenden Kommentaren liegt bei.

Zu einigen Kapiteln gibt es ein **Online-Zusatzangebot**, das wir ebenfalls zur Vertiefung und Festigung deiner Kompetenzen empfehlen. Über die im Buch abgedruckten **QR Codes**® bzw. **Content Keys** kannst du dir diese Zusatzangebote **gratis** auf dein Handy oder deinen Computer laden. Nähere Informationen dazu findest du auf der letzten Seite unter „QR Codes® und Content Keys – Wie nutzen?".

Die Autoren

1 Groß- und Kleinschreibung

Unterstreiche jene Wortanfänge, die großgeschrieben werden müssen. Jede richtige Entscheidung zählt einen Punkt.

1. Wenn leute nichts dazulernen, stehen sie bald vor dem nichts.

2. Die sportwoche war bis ins kleinste vorbereitet.

3. Die teuersten dinge gefallen im allgemeinen am besten.

4. Vor dem gesetz sollte arm und reich gleich sein.

5. Ein sprichwort sagt: gleich und gleich gesellt sich gern.

6. Die interessierten kamen von nah und fern zum vortrag.

7. Die geladenen werden morgen spät am nachmittag anreisen.

8. Am sonntag früh verschlief ich, weil ich abends lange auf war.

9. Nur wohlhabende können aus dem vollen schöpfen.

10. Manche unternehmen eine fahrt ins blaue.

Gib dir für jede richtige Lösung ein ✔. Zähle deine ✔ zusammen und trage sie in die Tabelle ein. Wenn du unterhalb des kritischen Wertes liegst, kannst du in der Spalte „Übe" ablesen, auf welchen Seiten du Erklärungen und Übungen findest, die dich besser machen.

Bereich	Gesamt ✔	deine ✔	kritischer Wert	Übe
Groß- und Kleinschreibung	22		17	Kapitel 1, Seiten 20–29

2 Getrennt- und Zusammenschreibung

Schreibe die Zusammensetzungen mit den Verben richtig darunter.

1. Bei Rot muss man vor der Ampel STEHEN/BLEIBEN.

stehen bleiben

2. Es wird gewarnt, Gegenstände im Auto LIEGEN/ZU/LASSEN.

liegen zu lassen

3. In manchen Familien müssen Kinder EINKAUFEN/GEHEN.

einkaufen gehen

4. Es gibt Menschen, die in der Nacht SCHLAF/WANDELN.

schlafwandeln

5. Bei diesem Andrang ist das Personal KOPF/GESTANDEN.

kopfgestanden

6. Jugendliche würden schon gern mit 16 AUTO/FAHREN.

Auto fahren

7. Bei Geldgeschäften soll man SICHER/GEHEN.

sicher gehen

8. Am Wettbewerb können alle über 14 TEIL/NEHMEN.

teilnehmen

9. Ein Zeuge konnte den Dieb FEST/HALTEN.

festhalten

10. Mit Ledersohlen kann man auf Glatteis nicht SICHER/GEHEN.

sicher gehen

Gib dir für jede richtige Lösung ein ✔. Zähle deine ✔ zusammen und trage sie in die Tabelle ein. Wenn du unterhalb des kritischen Wertes liegst, kannst du in der Spalte „Übe" ablesen, auf welchen Seiten du Erklärungen und Übungen findest, die dich besser machen.

Bereich	Gesamt ✔	deine ✔	kritischer Wert	Übe
Getrennt- und Zusammenschreibung	10		7	Kapitel 2, Seiten 30–37

3 **Lange und kurze Vokale**

Setze die fehlenden Vokale und Konsonanten ein.

1. Das Rauchen von Zigarren und Zigaretten gefährdet die Gesundheit.

2. Der Benzinkanister war komplett leer.

3. Nach einer Hitzewelle drohen meistens verheerende Unwetter.

4. Die Professorinnen treffen in der Konferenz Entscheidungen.

5. Viele Satelliten kreisen bereits im Kosmos.

6. Gartenterrassen sind oft mit gebrannten Ziegelsteinen gefliest.

7. Obwohl er das Gewässer gut kannte, kellerte er.

8. Wenn die Krise mehrere Jahre anhält, steigt die Arbeitslosigkeit.

9. Er trug den vollgepackten Rucksack.

10. Der Mitarbeiter entdeckte den Brand bei einem Kontrollgang.

Gib dir für jede richtige Lösung ein ✔. Zähle deine ✔ zusammen und trage sie in die Tabelle ein. Wenn du unterhalb des kritischen Wertes liegst, kannst du in der Spalte „Übe" ablesen, auf welchen Seiten du Erklärungen und Übungen findest, die dich besser machen.

Bereich	Gesamt ✔	deine ✔	kritischer Wert	Übe
Lange und kurze Vokale	40		31	Kapitel 3, Seiten 38–45

4 Wortbausteine und Wortverwandtschaften in deutschen Wörtern

**Schreibe die Grundwörter, die Vorsilben oder Nachsilben, die in den Lücken-
wörtern stecken, darunter. Ergänze dann die Lückenwörter.**

1. Man tr__ä__gt an heißen Sommertagen kurz__ä__rmelige Hemden.

   (_____) (_____)

2. Grunds__ä__tzlich sind vor dem Ges__e__tz alle Bürger gleich.

   (_____) (_____)

3. Ein vierbl__ä__ttriger Klee ist ein bel__ie__bter Glücksbringer.

   (_____) (_____)

4. Der __V__ortragende behandelte Licht und Schatten des
   __F__ortschritts.

   (_____) (_____)

5. Im stä__d__ischen Hallenbad werden heuer Schwimmwettbewerbe
   sta__tt__finden.

   (_____) (_____)

6. Das neue __V__ereinshaus steht knapp vor der __F__ertigstellung.

   (_____) (_____)

7. Sie hat die En__t__täuschung en__d__gültig aus ihrem Gedächtnis
   verdr__ä__ngt.

   (_____) (_____) (_____)

8. Das R__äu__bertrio r__äu__mte in letzter Zeit unz__ä__hlige Geschäfte aus.

   (_____) (_____) (_____)

9. Am Schnu__rr__bart erka__nn__te ein Zeuge den Attent__ä__ter.

   (_____) (_____) (_____)

10. Eine tö__d__liche Krankheit ra__ff__te viele Ureinw__oh__ner dahin.

   (_____) (_____) (_____)

Gib dir für jede richtige Lösung ein ✔. Zähle deine ✔ zusammen und trage sie in
die Tabelle ein. Wenn du unterhalb des kritischen Wertes liegst, kannst du in der
Spalte „Übe" ablesen, auf welchen Seiten du Erklärungen und Übungen findest, die
dich besser machen.

Bereich	Gesamt ✔	deine ✔	kritischer Wert	Übe
Wortbausteine in deutschen Wörtern	24		19	Kapitel 4, Seiten 46–47, 50–51

5   Wortbausteine und Wortverwandtschaften in Fremdwörtern

Setze die fehlenden Buchstaben ein.

1. Für die Einreise nach Kenia muss man am Airport ein Visum

   vorweisen.

2. Teenager trinken in den Bars nicht nur Softdrinks.

3. Der Partyservice liefert auch frischgebackene

   Sandwichwecken.

4. Für sein Comeback trainierte der Schwerathlet sehr hart.

5. Nach einem illegalen Grenzübertritt wird ein Asylantrag

   gestellt.

6. Die Diskussion interessierte viele Fernsehzuschauer.

7. Die Kollision mit einem Caterpillar war folgenschwer.

8. Jedes Dreieck hat eine Hypotenuse und zwei Katheten.

9. Menschen aus der High Society genießen das Highlithre.

10. Ein Diskjockey legt in einer Diskothek Platten auf.

Gib dir für jede richtige Lösung ein ✔. Zähle deine ✔ zusammen und trage sie in
die Tabelle ein. Wenn du unterhalb des kritischen Wertes liegst, kannst du in der
Spalte „Übe" ablesen, auf welchen Seiten du Erklärungen und Übungen findest, die
dich besser machen.

Bereich	Gesamt ✔	deine ✔	kritischer Wert	Übe
Wortbausteine in Fremdwörtern	27		22	Kapitel 4, Seiten 48–49, 52–53

6 Worttrennung am Zeilenende

In jeder Zeile sind zwei Abteilungsvarianten richtig. Kreuze sie an.

1. em-pfehlen   emp-fehlen ✓   empfehl-en   empfeh-len

2. be-endigen   beendig-en   beend-igen   been-digen ✓

3. Mi-krofon   Mikr-ofon   Mik-rofon ✓   Mikrof-on

4. A-nalogie   Ana-logie   Analo-gie   Anal-ogie ✓

5. Plant-age   Plan-tage ✓   Planta-ge   Pla-ntage

6. Öko-loge ✓   Ökol-oge   Ö-kologe   Ökolo-ge

7. Dipl-omat   Dip-lomat ✓   Di-plomat   Diplom-at

8. ver-ehren ✓   verehr-en   ve-rehren   vereh-ren

9. ge-trunken ✓   get-runken   getrunk-en   getrun-ken

10. Vor-führung ✓   Vorführ-ung   Vorfüh-rung   Vorfü-hrung

Gib dir für jede richtige Lösung ein ✔. Zähle deine ✔ zusammen und trage sie in die Tabelle ein. Wenn du unterhalb des kritischen Wertes liegst, kannst du in der Spalte „Übe" ablesen, auf welchen Seiten du Erklärungen und Übungen findest, die dich besser machen.

Bereich	Gesamt ✔	deine ✔	kritischer Wert	Übe
Worttrennung am Zeilenende	20		16	Kapitel 5, Seiten 56-61

1 Die Zeichensetzung

Setze die fehlenden Beistriche.

1. Es ist Pflicht aber auch lebensrettend Warnwesten im Auto mitzuführen.

2. Die Fans verließen das Stadion das überfüllt war mit Frust über die Niederlage.

3. Die Schularbeit fiel besser aus als es der Lehrer aber auch die Schülerinnen und Schüler erwartet hatten.

4. Der Fremde betrat ohne anzuklopfen oder zu läuten das Haus.

5. Autos die über 200 PS haben sind übermotorisiert und werden hoch besteuert.

6. Obst und Gemüse besonders aus Biokulturen sind vitaminreich und daher gesund.

7. Er dachte nicht daran bei dieser Hitze zu lernen und ging ins Bad.

8. Der Autofahrer telefonierte statt auf den Verkehr zu achten mit dem Büro.

9. Alle sahen wie der Unfall passierte aber keiner will Zeuge sein.

10. Ich hoffe dass ich dich überreden kann mit uns zu kommen.

Gib dir für jede richtige Lösung ein ✔. Zähle deine ✔ zusammen und trage sie in die Tabelle ein. Wenn du unterhalb des kritischen Wertes liegst, kannst du in der Spalte „Übe" ablesen, auf welchen Seiten du Erklärungen und Übungen findest, die dich besser machen.

Bereich	Gesamt ✔	deine ✔	kritischer Wert	Übe
Zeichensetzung	20		16	Kapitel 6, Seiten 62–65

2 | Die Wortarten

Die einfach unterstrichenen Wortarten sind Pronomen. Bestimme sie genauer und schreibe darüber: PE = Personalpronomen, **PO** = Possessivpronomen, **R** = Reflexivpronomen, **D** = Demonstrativpronomen, **RE** = Relativpronomen. **Die blau unterlegten Wörter sind Verben. Bestimme** die Zeit (**G, MV, V, VV, Z**), die Form (**A** = Aktiv, **P** = Passiv) und die Aussageweise (**I** = Indikativ, **K** = Konjunktiv).

1. *Das* wirst du sicher später einmal bereuen. *(PO) (PE)*

2. Wer freut *sich* nicht über *seine* Erfolge. *(PE)*

3. Wenn *ich* doch nur einmal Glück hätte! *(PE)*

4. Das Haustor, *das* versperrt war, wurde aufgebrochen. *(RE)*

5. Hättet *ihr* doch besser auf *ihn* aufgepasst! *(PE)*

6. *Wir* haben *ihnen* von *unserer* Reise erzählt. *(PE) (PO)*

7. Das Geschäft, *dessen* Inhaber krank ist, ist heute geschlossen. *(RE) (D)*

8. *Er* beteuerte schon oft, dass er *sich* bessern werde. *(RE)*

9. Mit gutem Willen ließe *sich* *dieses* Problem lösen. *(D)*

10. *Meine* Bitte wurde mit Wohlwollen aufgenommen. *(PO) (PO)*

Gib dir für jede richtige Lösung ein ✔. Zähle deine ✔ zusammen und trage sie in die Tabelle ein. Wenn du unterhalb des kritischen Wertes liegst, kannst du in der Spalte „Übe" ablesen, auf welchen Seiten du Erklärungen und Übungen findest, die dich besser machen.

Bereich	Gesamt ✔	deine ✔	kritischer Wert	Übe
Wortarten	46		36	Kapitel 7, Seiten 70–77

3 Die Satzglieder

Bestimme in folgenden Sätzen die unterstrichenen Satzglieder. Schreibe darüber:
O3, O4; OE = Ortsergänzung, **ZE** = Zeitergänzung, **AE** = Artergänzung,
BE = Begründungsergänzung; **VE** = Vorwortergänzung;
GN = Gleichsetzungsnominativ, **GA** = Gleichsetzungsakkusativ.

1. *AE* <u>Wegen der Trockenheit</u> verbietet die Gemeinde

   OE <u>das Bewässern der Rasenflächen</u>.

2. Max ist <u>seit dem letzten Schuljahr</u> <u>Klassensprecher der 3 B</u>.

3. Alle nannten <u>sie</u> <u>wegen ihrer sozialen Einstellung</u> <u>Mutter Teresa</u>.

4. Mein Freund ist *ZE* <u>heuer</u> <u>Bester im Hochsprung</u>.

5. Er weicht *O3* <u>Hunden</u> <u>im großen Bogen</u> aus.

6. *ZE* <u>Bis zur letzten Minute</u> wurde noch *O4* <u>um den Sieg</u> gekämpft.

7. *O4* <u>Mit voller Konzentration</u> löst sie <u>die schwierigen Aufgaben</u>.

8. *OE* <u>Zu Hause</u> denkt man gern <u>an die Ferien am Meer</u>.

9. Sie nannten *BE* <u>den Gewinner im Lotto</u> *AE* <u>einen Glückspilz</u>.

10. *ZE* <u>Im August</u> bleiben *OE* <u>in Italien</u> viele Betriebe geschlossen.

Gib dir für jede richtige Lösung ein ✔. Zähle deine ✔ zusammen und trage sie in die Tabelle ein. Wenn du unterhalb des kritischen Wertes liegst, kannst du in der Spalte „Übe" ablesen, auf welchen Seiten du Erklärungen und Übungen findest, die dich besser machen.

Bereich	Gesamt ✔	deine ✔	kritischer Wert	Übe
Satzglieder	21		17	Kapitel 8, Seiten 78–85

4 Zusammengesetzte Sätze

Unterstreiche die Hauptsätze doppelt, die Gliedsätze = Nebensätze einfach.
Kreuze an, ob ein Satzgefüge = **SG**, eine (Haupt)Satzreihe = **SR** oder ein
zusammengezogener Satz = **ZS vorliegt**.

	SG	SR	ZS
1. Der Club hat über 200 Mitglieder(,) und die An- meldungen nehmen zu.		☒	
2. Ich hoffe, dass du kommst, sofern du Zeit hast.			☒
3. Der Sportverein besteht aus acht Sektionen und bildet Kinder aus.		☒	
4. Auf einem Bauernhof können Kinder erleben, wie Kühe gemolken werden.	☒		
5. Der Richter macht einen Lokalaugenschein und klärt den Unfallhergang.	☒		
6. Manche werden verurteilt, aber nicht jeder muss ins Gefängnis.		☒	
7. Als er sah, dass ein Kind ins Wasser fiel, sprang er in den reißenden Fluss.			☒
8. Alle Kinder, die am 1. September sechs Jahr sind, gehen in die Schule.			☒
9. Das Glück gibt vielen zu viel, aber keinem genug.	☒		
10. Hier bin ich Mensch, hier darf ich´s sein. (Goethe)		☒	

Gib dir für jede richtige Lösung ein ✔. Zähle deine ✔ zusammen und trage sie in
die Tabelle ein. Wenn du unterhalb des kritischen Wertes liegst, kannst du in der
Spalte „Übe" ablesen, auf welchen Seiten du Erklärungen und Übungen findest, die
dich besser machen.

Bereich	Gesamt ✔	deine ✔	kritischer Wert	Übe
Sätze bestimmen	29		23	Kapitel 9, Seiten 86–87

5 Gliedsätze bestimmen

Unterstreiche die Gliedsätze beziehungsweise die satzwertigen Infinitivgruppen. Bestimme sie dann näher und schreibe darüber: L = Lokalsatz, **T** = Temporalsatz, **M** = Modalsatz, **K** = Kausalsatz, **A** = Attributsatz; **I** = Infinitivgruppe.

1. Da die Maschine einen Defekt hatte, musste sie notlanden.

2. Autos, die falsch parken, werden in Großstädten abgeschleppt.

3. Die Zeugen versicherten, nichts gesehen zu haben.

4. Er betrat den Raum, ohne dass er nach links oder rechts schaute.

5. Damit wir leben können, müssen wir essen und trinken.

6. Wo Flüsse ins Meer münden, tummeln sich viele Fische im Brackwasser.

7. Ein Auto, das einen starken Motor hat, wird höher besteuert.

8. Um nicht zu spät zu kommen, stellt sie immer den Weckruf ein.

9. Nachdem alle zu viel gegessen hatten, wurden die Gäste müde.

10. Der Autofahrer war abgelenkt, weil er mit seinem Handy telefonierte.

Gib dir für jede richtige Lösung ein ✔. Zähle deine ✔ zusammen und trage sie in die Tabelle ein. Wenn du unterhalb des kritischen Wertes liegst, kannst du in der Spalte „Übe" ablesen, auf welchen Seiten du Erklärungen und Übungen findest, die dich besser machen.

Bereich	Gesamt ✔	deine ✔	kritischer Wert	Übe
Sätze bestimmen	20		16	Kapitel 9, Seiten 88–95

6 Textgrammatik

Verknüpfe die Sätze mit den Wörtern aus der Wortliste.

damit – wonach – auch – leider – somit – diese – so – dort – der Thronfolger – wieder

Kurzberichte des WWF

Das Parlament in Russland hat eine Gesetzesänderung beschlossen,

X _____damit_____ der Handel mit seltenen Tierarten als Verbrechen gilt.

✓ _____Diese_____ neue Gesetzeslage gilt unter anderem für Leoparden

✓ und Eisbären. _____Somit_____ wird endlich eine Lücke im Gesetz

X geschlossen. _____Der Thronfolger_____ Auch in Großbritannien haben sich Prinz

Charles und sein Sohn William für den Kampf gegen den illegalen Handel

✓ mit Wildtierprodukten eingesetzt. _____Wonach_____ Der Thronfolger ist Präsident des

WWF Großbritannien. Gute Nachrichten kommen aus Österreich.

✓ _____Dort_____ hat eine Luchsin drei gesunde Junge zur Welt gebracht.

✓ _____Wieder_____ wächst die Hoffnung, dass Luchse in den Alpen

✓✓ _____somit_____ eine Heimat finden können. _____Leider_____ gibt

es nicht nur Erfreuliches im Kampf gegen die Wilderei zu berichten.

X _____Diese_____ So wurden in einem Nationalpark in der Zentral-

afrikanischen Republik 26 Elefanten brutal ermordet.

Quelle: WWF Österreich (Hg.): Panda Magazin, Ausgabe 3, 2013 (Text gekürzt und verändert)

Gib dir für jede richtige Lösung ein ✔. Zähle deine ✔ zusammen und trage sie in die Tabelle ein. Wenn du unterhalb des kritischen Wertes liegst, kannst du in der Spalte „Übe" ablesen, auf welchen Seiten du Erklärungen und Übungen findest, die dich besser machen.

Bereich	Gesamt ✔	deine ✔	kritischer Wert	Übe
Textgrammatik	10	7	7	Kapitel 10, Seiten 96–103

GROSS- UND KLEINSCHREIBUNG

GROSS- UND KLEINSCHREIBUNG

A **Nominalisierung von verschiedenen Wortarten**

▶ Du weißt schon: Verben (Zeitwörter) und Adjektive (Eigenschaftswörter) können wie Nomen (Namenwörter, Hauptwörter, Substantive) gebraucht werden. In so einem Fall werden sie großgeschrieben. Du hast schon einige Signale für die Großschreibung erfahren:
das Parken, **ständiges** Nörgeln, **beim** Schreiben;
das Neue, *etwas* Neues …

▶ Grundsätzlich können neben dem Verb und dem Adjektiv auch alle anderen Wortarten nominalisiert = substantiviert werden:

Partizip: (Mittelwort)	die **Teilnehmenden** begrüßen auf das **Gewohnte** zurückgreifen
Pronomen: (Fürwort)	jemandem das **Du** anbieten
Numerale: (Zahlwort)	auf die **Drei** setzen
Präposition: (Vorwort)	das **Für** und **Wider** bedenken
Konjunktion: (Bindewort)	kein **Wenn** und **Aber** dulden
Adverb: (Umstandswort)	ein ständiges **Hin** und **Her**
Interjektion: (Ausrufewort)	jemanden mit **Hallo** empfangen

HALLO!

1   Setze die Verben in den Text ein. Beachte die Groß- oder Kleinschreibung.

BEISPIEL   Gesetze **verbieten** in zivilisierten Ländern Kinderarbeit. (*verbieten*)
Das **Arbeiten** im eigenen Haushalt gilt nicht als Kinderarbeit. (*arbeiten*)

1. In Entwicklungsländern tragen Kinder durch ihr _Arbeiten_ (*arbeiten*)

dazu bei, die Familien zu _erhalten_ (*erhalten*).

2. Zu den Arbeiten zählen _nähen_ (*nähen*) von Textilien oder

gerben (*gerben*) von Leder.

3. Viele Modefirmen lassen Kleidungsstücke dort _Anfertigen_ (*anfertigen*).

4. Wir kaufen teure Markenartikel, ohne zu _wissen_ (*wissen*), dass

diese durch _Ausbeuten_ (*ausbeuten*) von Kindern billig hergestellt werden.

5. Zum _Ernten_ (*ernten*) von Kaffee und Kakao werden ebenfalls

Kinder eingesetzt.

2   Setze die Anfangsbuchstaben ein.

BEISPIEL   **e**rfreuliche Nachrichten   aber   etwas **E**rfreuliches erfahren

1. ein _R_otes Licht wahrnehmen   aber   bei _r_ot anhalten

2. stets _g_utes tun   aber   etwas _g_ut können

3. eine _b_öse Vorahnung haben   aber   nichts _B_öses ahnen

4. _G_roße Leistungen würdigen   aber   etwas _g_roßes leisten

3   Setze die Anfangsbuchstaben ein.

BEISPIEL   Er hat **n**ichts daraus gelernt. Nun steht er vor dem **N**ichts.

1. Sie hat fleißig ___espart. Das ___esparte legt sie auf ein Sparbuch.

2. Er überlegt ___in und ___er. Das ständige ___in und ___er nervt alle.

3. Du hast den Mann mit ___u angesprochen. Kennst ___u ihn?

4. Sind ___echs Augen sichtbar, hat man einen ___echser gewürfelt.

GROSS- UND KLEINSCHREIBUNG

B **Bei Superlativen entscheiden**

▶ Im Normalfall wird der **Superlativ** eines Adjektivs **kleingeschrieben**:

Clara sang am lautesten.

Du kannst mit **Wie?** fragen. Das **am** kannst du **nicht** in **an dem** auflösen, daher ist das Wörtchen **am** auch **kein Signal** für eine Nominalisierung.

▶ Superlative können aber auch **wie ein Nomen** verwendet werden.
Zwei Signale weisen auf eine Nominalisierung hin:

1. Artikel: *Sie war **die B**este in der Klasse.*

2. Präposition + Artikel: *Die Reise war bis **ins (in das) K**leinste geplant.*
   *Es mangelte **am (an dem) N**ötigsten.*

▶ Eine Ausnahmeregel musst du aber beachten:

Adjektive (in allen Vergleichsformen) schreibt man auch nach einem Artikel **klein**, wenn sie sich auf ein **bevorstehendes** oder **nachstehendes** Nomen beziehen.

*Der Verkäufer zeigte ihr viele Taschen, aber **die t**euersten waren **die s**chönsten.*

*Schlussendlich kaufte sie **die t**euerste aller Taschen.*

4 ❗ Entscheide, ob du das Lückenwort groß- oder kleinschreiben musst, und übermale den richtigen Anfangsbuchstaben.

BEISPIEL Der b/Beste möge gewinnen!

1. Dieser Faserstift schreibt am d/Dünnsten.

2. Sie waren auf das s/Schlimmste vorbereitet.

3. Es ist am b/Besten, wenn wir jetzt gehen.

4. Er scheiterte am l/Leichtesten.

5. Es ist das b/Beste, was wir tun können.

6. Sie waren auf das s/Schrecklichste gefasst.

7. Der direkte Weg zur Hütte war am s/Steilsten.

8. Sie haben sich nicht das g/Geringste vorzuwerfen.

9. Die t/Teuersten Hosen gefielen ihr am b/Besten.

10. Einige Schüler reizten ihn bis zum ä/Äußersten.

5 ❗❗ Entscheide, ob du das Lückenwort groß- oder kleinschreiben musst, und setze den richtigen Anfangsbuchstaben ein.

BEISPIEL Bei Sportlern sind oft die kleinsten die geschicktesten.

1. Die gewählte Route war die _____teilste.

2. Die _____ltesten der Firma gehen heuer in Pension.

3. Von den Schuhen waren die _____illigsten die _____chönsten.

4. Die Gäste nahmen Platz, die _____leinsten ganz vorne.

5. Sie war die _____üngste in der Klasse.

6. Von den Läufern waren die _____üngsten am _____chnellsten.

7. Drei Kinder traten ein, das _____leinste zuerst.

8. Die _____ünneren Bücher lese ich lieber als die _____ickeren.

9. Er war mir der _____iebste aller Geburtstagsgäste.

10. Die _____leineren spielen im Sand, die _____rößeren am PC.

GROSS- UND KLEINSCHREIBUNG

C **Bei Adjektiven in festen Verbindungen entscheiden**

▶ Für Adjektive in festen Verbindungen gelten folgende Regeln:

1 Die **Kleinschreibung** gilt, wenn die Verbindung aus einer
Präposition + ungebeugtem Adjektiv ohne Artikel vorliegt.

*Er war **von k**lein auf ein neugieriger Bub.*

2 Die **Großschreibung** gilt, wenn eine Verbindung aus einer
Präposition + Artikel + gebeugtem Adjektiv vorliegt.

*Sie hat **im (= in dem) W**esentlich**en** die Anforderungen erfüllt.*

3 Die **Großschreibung** gilt, wenn **das Adjektiv in einer Paarform**
(zur Bezeichnung von Personen) vorkommt.

*Das Ausspannen am Badeteich begeisterte **J**ung und **A**lt.*
*Das Ausspannen am Badeteich begeisterte **J**unge und **A**lte.*

4 Die **Groß- und Kleinschreibung** ist möglich, wenn die Verbindung aus einer
Präposition + gebeugtem Adjektiv besteht.

*Der Termin ist **seit langem** bekannt.*

oder

*Der Termin ist **seit Langem** bekannt.*

6 ‼ Überlege, warum das Adjektiv in den festen Verbindungen groß- oder kleingeschrieben wird. Trage die Nummer der Regel (siehe linke Seite!) ein.

BEISPIEL Über **k**urz oder **l**ang setzte sich das bessere Team durch.   1

1. Die Bauern konnten die Ernte noch im **S**icheren einbringen.

2. Der Laden bleibt bis auf **w**eiteres = **W**eiteres zu.

3. Der Tag war **g**rau in **g**rau.

4. Vor dem Gesetz ist **A**rm und **R**eich gleich.

5. Sie war von **j**ung auf sportbegeistert.

6. Reiche Leute schöpfen aus dem **V**ollen.

7. Nach der Pleite musste der Chef von **n**euem = **N**euem beginnen.

8. **G**leich und **G**leich gesellt sich gern.

9. Der Schütze traf genau ins **S**chwarze.

10. Die Gäste reisten von **n**ah und **f**ern an.

7 ‼ Unterstreiche die festen Verbindungen mit dem Adjektiv. Übertrage die Sätze in die Schreibschrift. Beachte die Groß- oder Kleinschreibung des Adjektivs. Schreibe in dein Übungsheft.

BEISPIEL MIT GUTEN FREUNDEN KANN MAN DURCH DICK UND DÜNN GEHEN.
Mit guten Freunden kann man durch **d**ick und **d**ünn gehen.

1. DAS BÜRO BLEIBT FÜR GEWÖHNLICH IM SOMMER GESCHLOSSEN.

2. MAN KONNTE DAS DONNERN SCHON VON FERN HER HÖREN.

3. DER BETRAG WURDE IN BAR AUSGEZAHLT.

4. DAS FEST WAR FÜR GROSS UND KLEIN EIN ERLEBNIS.

5. ER KANN OHNE WEITERES FREUNDE MITBRINGEN.

6. MAN KONNTE DEM VORSCHLAG IM ALLGEMEINEN ZUSTIMMEN.

7. IM GROSSEN UND GANZEN WAR DER LEHRER ZUFRIEDEN.

8. DER RICHTER BEWIES DIE SCHULD SCHWARZ AUF WEISS.

9. IM WESENTLICHEN WAREN DIE PREISE MODERAT.

10. MAN SOLL IM GUTEN WIE IM SCHLECHTEN TREU BLEIBEN.

GROSS- UND KLEINSCHREIBUNG

D **Bei Tageszeiten, Wochentagen und anderen Zeitangaben entscheiden**

▶ Tageszeiten und Wochentage treten meist als **Nomen** auf. Sie erkennst du

– am Artikel: *der Morgen*
– an einer Präposition: *zu Mittag*
– an einer Präposition + Artikel: *in der Nacht*
– an einer Verschmelzung von Präposition + Artikel: *am Nachmittag*

▶ **Tageszeiten** können auch **in Verbindung mit anderen Zeitangaben** auftreten. Sie werden ebenfalls großgeschrieben:

heute Abend
gestern Früh
morgen Vormittag

▶ **Wochentage** können auch **in Verbindung mit anderen Zeitangaben** auftreten. Sie werden groß- und zusammengeschrieben:

am Dienstagabend
der Sonntagmorgen

▶ **Zeitangaben** können auch durch **Adverbien** (Umstandswörter) gemacht werden. Sie werden wie alle Adverbien kleingeschrieben:

vorgestern, gestern, heute, morgen, übermorgen

▶ **Tageszeiten und Wochentage** können meist **durch ein angehängtes -s** als **Adverbien** auftreten. Sie werden kleingeschrieben:

sich am Sonntag ausruhen →	*sich sonntags ausruhen*
immer am Abend Fußball schauen →	*immer abends Fußball schauen*

8 ! Setze folgende Zeitangaben in den Text ein. Schreibe in Schreib- oder Druckschrift. Schreibe den Text in dein Übungsheft.

AM NÄCHSTEN MORGEN ■ GEGEN ABEND ■ ~~AM ABEND~~ ■ IN DER FRÜH ■

ZU MITTAG ■ AM FRÜHEN NACHMITTAG ■ IN DER NACHT ■ AM VORMITTAG

BEISPIEL Wir mussten **am Abend** früh ins Bett.

_____ hieß es früh aufstehen, denn eine Bergwanderung

stand auf dem Programm. Bereits um 7 Uhr _____ holte

uns ein Bus von der Herberge ab. _____ erfolgte der Anstieg

auf den Gamskogl. Erschöpft erreichten wir _____ den Gipfel.

Unter dem Gipfelkreuz machten wir ein Picknick. _____

stiegen wir ins Tal ab. Der Bus erreichte _____ das Quartier.

Noch _____ träumte ich von der schönen Bergtour.

9 Forme die Zeitangaben in Adverbien um.

BEISPIEL am Montag → **montags**

am Vormittag → _____		am Morgen → _____	
zu Mittag → _____		am Wochentag → _____	
am Samstag → _____		am Sonntag → _____	
in der Nacht → _____		am Abend → _____	

10 ! Übertrage die Zeitangaben in Schreibschrift. Schreibe in dein Übungsheft.

BEISPIEL IMMER FREITAGS   →   **immer freitags**

GEGEN MITTAG →		IMMER NACHTS →	
JEDEN SAMSTAG →		BIS SPÄTABENDS →	
NUR SONNTAGS →		EINES ABENDS →	
EINES SONNTAGS →		VON FRÜH BIS SPÄT →	
GESTERN MITTAG →		HEUTE FRÜH →	

GROSS- UND KLEINSCHREIBUNG

X **TEST 1 – Groß- und Kleinschreibung**

Testdauer: 10 min

Überschreibe jeweils den richtigen Anfangsbuchstaben blau. Für jede richtige Lösung bekommst du ein Häkchen.

1. Ständiges r/Rattern der Maschinen macht die Menschen krank.

2. Ich beherrsche im w/Wesentlichen die Groß- und Kleinschreibung.

3. Er wachte heute f/Früh sehr zeitig auf.

4. Sie liest a/Abends gerne spannende Krimis.

5. Manche sind von k/Klein auf bewegungshungrig.

6. Er hielt es für besser, in diesem Fall zu s/Schweigen.

7. Gleich und g/Gleich gesellt sich gern.

8. Sie war bereits f/Frühmorgens hellwach.

9. Er gönnt sich nur s/Sonntags etwas Ruhe.

10. Lukas sprang beim Wettkampf am h/Höchsten.

11. Der k/Klügere gibt nach.

12. Alles war bis ins k/Kleinste durchdacht.

13. Schon von f/Fern war lautes g/Grollen zu hören.

14. Die Abgeordneten stimmten im g/Geheimen ab.

15. Gegen a/Abend werden f/Faule gerne munter.

16. Schwarz auf w/Weiß konnte er seine Unschuld beweisen.

17. Jeden m/Montag fällt es schwer, am frühen m/Morgen aufzustehen.

18. Mit einem lauten h/Hurra stürmten sie ins Zimmer.

19. Mit den Verwandten ist man für g/Gewöhnlich per d/Du.

20. Fleißige Leute arbeiten von f/Früh bis s/Spät.

Gesamtzahl der Lösungen: 25

Anzahl meiner richtigen Lösungen:

Ab 20 richtigen Lösungen und mehr kannst du zufrieden sein. Bei weniger als 20 solltest du dir die Seiten 20 bis 27 noch einmal anschauen.

X **KREUZE AN**

1   2   3   *

1. Ich kann nominalisierte Verben erkennen und großschreiben. (Übung 1, Seite 21)

2. Ich kann nominalisierte Adjektive erkennen und großschreiben. (Übung 2, Seite 21)

3. Ich kann nominalisierte Formen anderer Wortarten erkennen und großschreiben. (Übung 3, Seite 21)

4. Ich kann bei Superlativen eines Adjektivs richtig entscheiden. (Übungen 4 und 5, Seite 23)

5. Ich kann bei Adjektiven in festen Verbindungen richtig entscheiden. (Übungen 6 und 7, Seite 25)

6. Ich kann bei Tageszeiten und Wochentagen richtig entscheiden. (Übungen 8 bis 10, Seite 27)

7. Ich kann mein Wissen über die Groß- und Kleinschreibung in einer Prüfungssituation anwenden. (Test 1, Seite 28)

* Anmerkung
1 bedeutet: perfekt – alle Aufgaben richtig
2 bedeutet: ausreichend – mehr als die Hälfte der Aufgaben richtig
3 bedeutet: nicht ausreichend – weniger als die Hälfte der Aufgaben richtig

GETRENNT- UND ZUSAMMENSCHREIBUNG

GETRENNT- UND ZUSAMMENSCHREIBUNG

A Bei Verbindungen aus Verb + Verb entscheiden

▶ Bei **Verbindungen** aus **zwei Verben** gelten folgende Regeln:

1 Die Verbindungen schreibt man grundsätzlich **getrennt**:

schwimmen gehen, reden lernen, rechnen üben, lesen können …

2 Die **Getrenntschreibung** gilt auch beim **Infinitiv** (Nennform) **mit zu** und beim **Partizip II** (Mittelwort der Vergangenheit):

Ich kann es nicht erwarten, schwimmen zu gehen.
Im letzten Sommer sind wir oft schwimmen gegangen.

▶ Bei **Verbindungen** mit **bleiben** und **lassen** als zweitem Bestandteil gelten folgende Regeln:

1 **Getrenntschreibung** gilt, wenn eine **wörtliche Bedeutung** vorliegt:

Wenn ein Lehrer die Klasse betritt, dürfen wir sitzen bleiben.

2 Wahlweise **Getrennt- und Zusammenschreibung** gilt, wenn eine **übertragene Bedeutung** vorliegt.

Mit drei Fünfern muss man sitzen bleiben.
oder
Mit drei Fünfern muss man sitzenbleiben.

3 Wählt man die Variante mit Zusammenschreibung, gilt diese auch für den Infinitiv mit zu und für das Partizip II:

Es ist kein Spaß, aber auch kein Malheur, in der Schule sitzenzubleiben.
Auch manch erfolgreicher Manager ist in der Schule sitzengeblieben.

11 Bilde von folgenden Verbindungen den Infinitiv mit *zu* und das Partizip II.

BEISPIEL baden gehen   **baden zu gehen**   **baden gegangen**

1. lesen lernen _____   _____

2. spazieren gehen _____   _____

3. rechnen üben _____   _____

4. einkaufen gehen _____   _____

5. reden wollen _____   _____

12 Bei den folgenden Verbindungen mit *bleiben* und *lassen* liegt eine wörtliche Bedeutung vor. Schreibe die Verben richtig auf.

BEISPIEL In einer Schneewechte können Autos *(stecken/bleiben)* **stecken bleiben**.

1. Man soll Zerbrechliches nicht *(fallen/lassen)* _____.

2. Man muss vor einer Kreuzung *(stehen/bleiben)* _____.

3. Wer will am Morgen nicht länger *(liegen/bleiben)* _____?

4. Man soll einen Gast nicht *(stehen/lassen)* _____.

5. Trotz Aufforderung wollten einige *(sitzen/bleiben)* _____.

13 ❗ Bei den folgenden Verbindungen mit *bleiben* und *lassen* liegt eine übertragene Bedeutung vor. Verbinde.

1. den Schirm liegen lassen = liegenlassen   nicht aufsteigen dürfen

2. in der Schule sitzen bleiben = sitzenbleiben   nicht weiterwissen

3. in der Rede stecken bleiben = steckenbleiben   vergessen

4. die Uhr ist stehen geblieben = stehengeblieben   aufgeben

5. den Plan fallen lassen = fallenlassen   nicht bearbeitet worden

6. die Post ist liegen geblieben = liegengeblieben   tickt nicht mehr

GETRENNT- UND ZUSAMMENSCHREIBUNG

B **Bei Verbindungen aus Nomen + Verb entscheiden**

▸ **Nomen** und **Verben** können **untrennbare Verbindungen** bilden. Das bedeutet, dass sie in einer Personalform beisammenbleiben.
Für solche Verbindungen gilt die **Zusammen-** und **Kleinschreibung**.

Lob + preisen   →   *lobpreisen*, ich *lobpreise*
Nacht + wandeln   →   *nachtwandeln*, ich *nachtwandle*

▸ **Nomen** und **Verben** können **trennbare Verbindungen** bilden. Das bedeutet, dass sie in einer Personalform getrennt werden.
Hier gelten folgende Regeln:

1 Die Getrenntschreibung gilt, wenn das Nomen seine wörtliche = konkrete Bedeutung bewahrt hat.

Rat + suchen   →   *Rat suchen*, ich *suche Rat*, ich habe *Rat gesucht*
Schi + fahren   →   *Schi fahren*, ich *fahre Schi*, ich bin *Schi gefahren*

2 Die Zusammenschreibung gilt, wenn das Nomen seine wörtliche = konkrete Bedeutung verloren hat.

Eis + laufen   →   *eislaufen*, ich *laufe eis*, ich bin *eisgelaufen*
Kopf + stehen   →   *kopfstehen*, ich *stehe kopf*, ich bin *kopfgestanden*

3 Manche Verbindungen treten nur im Infinitiv auf. In einer Personalform müssen sie umschrieben werden.

Berg + steigen   →   *bergsteigen*, ich steige *auf einen Berg*
Segel + fliegen →   *segelfliegen*, ich fliege *mit einem Segelflugzeug*

Ein weiterer Übungstext zur Getrennt- und Zusammenschreibung von Nomen + Verb ist über den QR Code® oder Key abrufbar.
http://durchstarten-deutsch7.veritas.at/key/557
Key: 557

14 Diese Verbindungen sind untrennbar. Bilde die Personalform mit *er*.

BEISPIEL Schluss + folgern = **schlussfolgern** → **er schlussfolgert**

1. Wett(e) + eifern   = _____ → _____

2. Maß + regeln   = _____ → _____

3. Brand + marken   = _____ → _____

4. Schlaf + wandeln   = _____ → _____

5. Hand + haben   = _____ → _____

15 ! Diese Verbindungen sind trennbar. Überlege, ob das Nomen eine konkrete oder nicht konkrete Bedeutung hat. Schreibe die Verbindung und die Personalform mit *sie* auf.

BEISPIEL Not + leiden = **Not leiden** → **sie leidet Not**

1. Auto + fahren   = _____ → _____

2. Pleite + gehen   = _____ → _____

3. Stand + halten   = _____ → _____

4. Teil + nehmen   = _____ → _____

5. Rad + fahren   = _____ → _____

16 !! Diese Verbindungen sind trennbar, kommen aber nur im Infinitiv zusammengeschrieben vor. Schreibe die Verbindung auf. Bilde die Personalform mit *ich* durch eine Umschreibung. Schreibe diese in dein Übungsheft.

BEISPIEL Sonne(n) + baden = **sonnenbaden** → **ich bade in der Sonne**

1. Seil + tanzen   = _____ →

2. Kopf + rechnen   = _____ →

3. Seil + springen   = _____ →

4. Bruch + rechnen   = _____ →

5. Bauch + tanzen   = _____ →

GETRENNT- UND ZUSAMMENSCHREIBUNG

GETRENNT- UND ZUSAMMENSCHREIBUNG

C **Bei Verbindungen aus Adjektiv + Verb entscheiden**

▶ **Adjektive** und **Verben** können **untrennbare Verbindungen** bilden. Das bedeutet, dass sie in einer Personalform beisammenbleiben.
Für solche Verbindungen gilt die **Zusammenschreibung**.

froh + locken = ***frohlocken****, ich **frohlocke***
lieb + äugeln = ***liebäugeln****, ich **liebäugle***

▶ **Adjektive** und **Verben** können **trennbare Verbindungen** bilden. Das bedeutet, dass sie in einer Personalform getrennt auftreten.
Für diese Verbindungen gelten folgende Regeln:

1 Die Zusammenschreibung gilt, wenn eine übertragene Gesamtbedeutung vorliegt. Die Betonung liegt auf dem Adjektiv.

richtig + stellen = **richtigstellen** *(berichtigen)*
hell + sehen = **hellsehen** *(in die Zukunft sehen)*

2 Die Getrenntschreibung gilt, wenn das Adjektiv als eigenes Satzglied auftritt. Die Betonung liegt auf dem Adjektiv und auf dem Verb.

*die Schuhe **fest schnüren***
*auf Glatteis **sicher gehen***

Noch ein Trick! In solchen Fällen lässt sich das Adjektiv erweitern, zB mit *sehr:*
*die Schuhe **sehr** fest schnüren*
*bei Glatteis **sehr** sicher gehen*

3 Die Zusammen- und Getrenntschreibung ist möglich, wenn die Verbindung ausdrückt, dass ein bestimmtes Resultat erzielt wird.

*die Suppe **warm machen** = die Suppe **warmmachen***
Resultat: Die Suppe ist jetzt warm.

*die Wäsche **rein waschen** = die Wäsche **reinwaschen***
Resultat: Die Wäsche ist jetzt rein.

17 ❗ Bei den folgenden Verbindungen liegt eine übertragene Bedeutung vor. Verbinde.

1. den Gegner kaltstellen   fixieren

2. einen Termin festlegen   gelingen

3. in Notzeiten kürzertreten   ausschalten

4. das wird glattgehen   überreden

5. jemanden breitschlagen   zusperren

6. den Laden dichtmachen   sich einschränken

18 ‼ Bei den folgenden Verbindungen musst du überlegen, ob eine wörtliche oder eine übertragene Gesamtbedeutung vorliegt.

BEISPIEL   fest + binden: die Schuhe vor der Wanderung **fest binden**
                 das Pferd an einem Pfahl **festbinden**

1. sicher + gehen: mit guten Wanderschuhen ....

                bei Geldgeschäften ....

2. fest + halten   den ertappten Verbrecher ....

                das Lenkrad in der Kurve ....

3. groß + schreiben   auf einem Plakat ....

                am Satzanfang ....

4. frei + sprechen   den Angeklagten ....

                beim Redewettbewerb ....

19 Bei den folgenden Verbindungen handelt es sich um Verben, die ein Resultat herbeiführen.

BEISPIEL   den Strauch kahl fressen = **kahlfressen**

1. Das Spielzeug kaputt schlagen = ...

2. die Getränke kalt stellen   = ...

3. das Brett glatt hobeln   = ...

GETRENNT- UND ZUSAMMENSCHREIBUNG

 X

TEST 2 – Getrennt- und Zusammenschreibung

Testdauer: 10 min

In jedem Satz kommt eine Verbindung mit einem Verb (an zweiter Stelle) vor. Kreuze an, wie diese Verbindung geschrieben werden muss. Kontrolliere mit dem Lösungsheft und setze bei richtiger Entscheidung ein Häkchen in das Kästchen.

		nur getrennt	nur zusammen	getrennt oder zusammen
	1. im Wald spazieren/gehen			
	2. im Winter Not/leiden			
	3. bei einem Sieg froh/locken			
	4. die Suppe warm/stellen			
	5. bereits bruch/rechnen können			
	6. in der Schule sitzen/bleiben			
	7. die Kinder lange stehen/lassen			
	8. einen Termin fest/legen			
	9. beim Lehrer Rat/suchen			
	10. den Schlüssel liegen/lassen			
	11. es wird dir leid/tun			
	12. die Fehler richtig/stellen			
	13. die Bäume kahl/fressen			
	14. auf der Tafel groß/schreiben			
	15. mit Freude Flöte/spielen			
	16. den Plan fallen/lassen			
	17. Namenwörter groß/schreiben			
	18. täglich einkaufen/gehen			
	19. das Wasserglas fallen/lassen			
	20. den Verstorbenen selig/sprechen			

Gesamtzahl der Lösungen: 20

Anzahl meiner richtigen Lösungen:

Ab 16 richtigen Lösungen und mehr kannst du zufrieden sein. Bei weniger als 16 solltest du dir die Seiten 30 bis 35 noch einmal anschauen.

X

KREUZE AN

1   2   3   *

1. Ich kann in Verbindungen aus Verb + Verb den Infinitiv und das Partizip II richtig schreiben. (Übung 11, Seite 31)

2. Ich kann in Verbindungen aus Verb + *bleiben, lassen* bei konkreter Bedeutung getrennt schreiben. (Übung 12, Seite 31)

3. Ich kann in Verbindungen aus Verb + *bleiben, lassen* die übertragene Bedeutung erkennen. (Übung 13, Seite 31)

4. Ich kann in untrennbaren Verbindungen aus Nomen + Verb die Personalform richtig schreiben. (Übung 14, Seite 33)

5. Ich kann bei trennbaren Verbindungen aus Nomen + Verb unterscheiden, ob das Nomen die konkrete Bedeutung verloren hat. (Übung 15, Seite 33)

6. Ich kann bei Verbindungen aus Nomen + Verb, die nur im Infinitiv vorkommen, die Personalform durch Umschreibung bilden. (Übung 16, Seite 33)

7. Ich kann bei Verbindungen aus Adjektiv + Verb die übertragene Gesamtbedeutung erkennen. (Übung 17, Seite 35)

8. Ich kann bei Verbindungen aus Adjektiv + Verb zwischen konkreter und übertragener Gesamtbedeutung unterscheiden. (Übung 18, Seite 35)

9. Ich kann bei Verbindungen aus Adjektiv + resultierendem Verb richtig entscheiden. (Übung 19, Seite 35)

10. Ich kann in einer Prüfungssituation die Regeln zur Getrennt- und Zusammenschreibung richtig anwenden. (Test 2, Seite 36)

* Anmerkung
1 bedeutet: perfekt – alle Aufgaben richtig
2 bedeutet: ausreichend – mehr als die Hälfte der Aufgaben richtig
3 bedeutet: nicht ausreichend – weniger als die Hälfte der Aufgaben richtig

LANGE UND KURZE VOKALE

A Die Auswirkung der Vokallänge auf die Rechtschreibung

▶ Spricht man den **betonten** Vokal in einem Wort **lang** aus, so hat das **Folgen** für die Schreibung des Wortes:

1 Nach einem langen Vokal steht grundsätzlich nur ein Konsonant.

*der N*a*me, b*e*ten, das K*i*no, die R*o*se, die L*u*pe ...*

2 Der lange Vokal kann grundsätzlich auf verschiedene Arten geschrieben werden.

– normal: *kamen, reden, mir, rodeln, mutig ...*
– mit den Dehnungszeichen -*h* oder -*e* (bei *ie*):
  *nahmen, wehren, lieben, **i**hnen, der Mohn, der St**u**hl ...*
– als Doppelvokal (nur *aa, ee, oo*): *Haar, Teer, Moos ...*

Das eigentliche **Rechtschreibproblem** ist also nicht der nachfolgende Buchstabe, sondern die **Schreibung des Langvokales** selbst.

▶ Spricht man den **betonten** Vokal in einem Wort **kurz** aus, so hat das ebenfalls **Folgen** für die Rechtschreibung.

1 Der kurze Vokal wird immer normal geschrieben.

*die K*a*tze, das F*e*ll, die K*i*ste, r*o*stig, m*u*nter ...*

2 Nach einem **kurzen Vokal** folgen mindestens zwei Konsonanten.

*der K*a*sten, der F*e*lsen, der W*i*rt, die W*o*lke, r*u*mpeln ...*

3 Ist aber nur ein Konsonant zu hören, muss dieser verdoppelt werden.

*die K*a*sse, das F*e*ll, verw*i*rren, die W*o*lle, br*u*mmen ...*

Das eigentliche **Rechtschreibproblem** ist also nicht die Schreibung des Kurzvokales, sondern die **Schreibung der nachfolgenden Konsonanten**.

20 Sprich die Wörter laut. Überschreibe den betonten Vokal mit einer Farbe. Setze unter einen langen Vokal einen waagrechten Strich, unter einen kurzen einen Punkt.

BEISPIEL die Ros<u>i</u>ne, der Tr<u>a</u>ktor

das Kamel	das Panorama	die Vitamine	das Publikum
die Debatte	sämtliche	tolerant	der Bikini
verlässlich	die Maschine	der Pantoffel	die Baracke
bequem	die Banane	die Kapelle	sich beschweren
das Amulett	der Zylinder	der Kapitän	die Matratze

21 In den folgenden Wörtern werden die betonten Vokale kurz gesprochen. Folgen zwei verschiedene Konsonanten oder folgt nur einer? Setze *n* oder *nn* ein.

BEISPIEL die Ka**n**te – die Ka**nn**e

1. die Kreuzspi____e	das Hirngespi____st	das Spi____rad	das Gespe____st
2. die Teeka____e	die Tischka____te	Vierka____thof	das Kä____chen
3. gö____cn	die Gu____st	ungü____stig	der Gö____er
4. der Hausbra____d	verbre____en	die Bra____dung	bre____bar
5. die Ku____st	kö____en	der Kü____stler	der Kö____er

22 Bei diesen ähnlich klingenden Wörtern wechselt die Betonung. Übermale den betonten Vokal. Setze die fehlenden Konsonanten ein.

BEISPIEL die Zig**a**rre   aber   die Ziga**rett**e

1. die Schirmka____e	aber	die Burgka____elle
2. die Milchka____e	aber	der Benzinka____ister
3. die Verpa____ung	aber	der Pa____etdienst
4. der Tu____el	aber	das Tu____ell
5. der Ka____en	aber	die Ka____osse

B Wörter mit und ohne Dehnungszeichen

▸ Es gibt gewisse Regelmäßigkeiten, in welchen Wörtern die Langvokale *a, e, o* und *u* normal und in welchen sie mit einem zusätzlichen Dehnungs-h geschrieben werden müssen. Beachte folgende Regeln:

1 Ein **Dehnungs-h** kann nur stehen – muss aber nicht –, wenn nach dem Langvokal ein **l, m, n** oder **r** folgt.

*die Z*ahl*, z*ahm*, der Z*ahn*, w*ahr ...

2 Ein **Dehnungs-h** steht – in den meisten Fällen – **nicht**, wenn das Wort mit **Gr, Kr, Qu, Sch, Sp** oder **T beginnt**.

*der Gr*am*, der Kr*an*, die Qu*al*, der Sch*al*, der Sp*an*, das T*al ...

Strategie: An die Regeln denken, aber nicht ganz darauf verlassen!

▸ Für das **lange i** gibt es sogar **vier verschiedene** Schreibungen:

ie in den meisten Wörtern: *lieb, Sieb, Hieb ...*
i in wenigen Wörtern: *Kino, Maschine, Lawine ...*
ih nur in ganz wenigen Wörtern: *ihm, ihn, ihr, ihnen*
ieh nur in *Vieh* und in Wörtern mit dem silbentrennenden h: *ziehen – es zieht, fliehen – er flieht ...*

Strategie: Wörter mit i besonders üben!

▸ Es gibt gleich oder ähnlich klingende Wörter, bei denen die unterschiedliche Bedeutung durch eine unterschiedliche Schreibung des Langvokales markiert wird:

Wal (in *Walfang*) – *Wahl* (in *Auswahl*)

Strategie: Bei Zusammensetzungen an die Wortbedeutung denken!

 Ein Test zu Dehnungen und Doppelungen ist über den QR Code® oder Key abrufbar.
http://durchstarten-deutsch7.veritas.at/key/168

Key: 168

23 Setze die Buchstaben für die fehlenden Langvokale ein. Denke an die Regeln.

BEISPIEL   a/ah: sp**a**ren, R**ah**men, S**ah**ne, die Sch**a**m

1. o/oh: das F____len | die Kr____ne | der M____n | die Sp____ren

2. e/eh: abw____ren | schw____r | entb____ren | überqu____ren

3. a/ah: der Schw____n | der St____l | der Sp____n | der W____nsinn

4. u/uh: die Sp____r | die Ausf____r | der Schw____r | die Sp____le

5. ö/öh: gr____len | verh____nen | schw____ren | sich vers____nen

6. ä/äh: die Qu____lerei | die M____ne | z____men | vergr____men

24 Bei den folgenden Wörtern wird das lange i als i geschrieben. Bilde mit jedem Wort eine Zusammensetzung und schreibe sie in dein Übungsheft.

BEISPIEL   die F**i**bel → die Lesef**i**bel

1. der Tiger →   **5.** das Klima →   **9.** der Biber   →

2. das Kino →   **6.** die Bibel →   **10.** wider   →

3. die Krise →   **7.** die Olive →   **11.** die Familie →

4. die Mine →   **8.** die Lawine →   **12.** die Maschine →

25 Bei den folgenden Zusammensetzungen musst du an die Bedeutung des Wortes denken. Setze die fehlenden Vokale ein.

BEISPIEL   keinen W**i**derstand leisten

1. die Augenl____der schminken   **6.** das Vermögen verm____ren

2. den Abh____ldienst anfordern   **7.** die W____lzelle betreten

3. das Getreide fein m____len   **8.** die Schuhs____le reparieren

4. ein verh____rendes Unwetter   **9.** das L____rgut zurückgeben

5. auf die W____gschale legen   **10.** eine ____rkunde ausstellen

LANGE UND KURZE VOKALE

C Wörter mit und ohne Doppelkonsonanten

▸ Im Kapitel **A** hast du erfahren: **Verdoppelt** wird ein Konsonant nur, wenn nach einem **kurzen, betonten Vokal** ein **einzelner** Konsonant zu hören ist:
*die K*a*ppe, die R*i*nne, die G*a*sse* …

Keine Verdoppelung gibt es, wenn nach dem **kurzen, betonten Vokal** mindestens **zwei verschiedene Konsonanten** zu hören sind:
*die K*a*psel, die R*i*nde, die G*ä*ste* …

▸ Das **ck** und **tz** sind ebenfalls auf Verdoppelung zurückzuführen und stehen eigentlich **für kk** und **zz**:
*die Za*ck*e, die Spi*tz*e* …
Ein *kk* oder *zz* wird nur in einigen Fremdwörtern geschrieben:
*das Sa*kk*o, die Ski*zz*e* …

Strategie: Die Doppelregel richtig anwenden!

▸ Vorsicht bei Verben! Die Doppelregel kannst du nur im Infinitiv anwenden:
*fa*ss*en, fa*st*en* …

▸ Vorsicht! In manchen Wörtern wird auch nach einem unbetonten Kurzvokal verdoppelt:
*der A*pp*etit*   – *Betonung auf i, Verdoppelung nach unbetontem a*
*das Ba*ll*ett*   – *Betonung auf e, Verdoppelung auch nach unbetontem a*

Strategie: Besondere Wortstellen einprägen!

▸ Vorsicht bei den **Endungen -nis, -in, -is, -us, -as**! Hier wird nur verdoppelt, wenn noch ein Vokal folgt, zB in der Mehrzahl eines Nomens:

*das Verhältni*s	aber	*die Verhältni*ss*e*
*die Pati*n	aber	*die Pati*nn*en*
*der Kürbi*s	aber	*die Kürbi*ss*e*
*der Luftiku*s	aber	*die Luftiku*ss*e*
*der Atla*s	aber	*die Atla*ss*e*

Strategie: Eine Endung erkennen!

26 Hier stehen Wörter mit Doppelungen nach einem unbetonten Vokal. Übermale den betonten Vokal und setze die fehlenden Buchstaben ein.

BEISPIEL die Fa**ss**ade streichen

1. die deutsche Gra____atik beherrschen
2. einen gesunden A____etit haben
3. mit Sta____iol einwickeln
4. die Para____elen zeichnen

5. das Ko____ando übernehmen
6. einen Sate____iten ins All schießen
7. die Konku____enz ausschalten
8. einen Pa____anten fragen

27 Hier stehen Wörter mit Doppelungen an zwei Stellen. Übermale den betonten Vokal und setze die fehlenden Buchstaben ein.

BEISPIEL dem Ko**mm**i**ss**ar ins Netz gehen

1. einen A____e____ an alle richten
2. auf der Te____a____e sitzen
3. sich wie ein Karu____e____ drehen

4. alte Musikka____e____en entsorgen
5. sich o____izie____ entschuldigen
6. eine Ko____i____ion bilden

28 Überlege, ob in einem Wort eine Endung vorkommt. Unterstreiche diese. Ergänze dann die fehlenden Buchstaben.

BEISPIEL das Rhinozero**s**

1. die Walnu____   der Zirku____   der Abschiedsku____   der Radiu____
2. der Mafiabo____   der Kosmo____   das Walro____   der Kolo____
3. der Ilti____   der Hundebi____   das Zeugni____   das Gebi____

29 Bilde zunächst den Infinitiv und entscheide dann, ob ein Doppelkonsonant oder ein einfacher Konsonant eingesetzt werden muss.

BEISPIEL total verwi**rr**t sein   aber   gut bewi**r**tet werden

1. Die Tauben gu____ten.   aber   Er gu____tet sich im Auto an.
2. Das Floß tri____tet ab.   aber   Sie tri____t einen Bekannten.
3. Das Boot ke____tert.   aber   Er ke____t sich gut aus.
4. Er ha____t Diktate.   aber   Er ha____tet ins Büro.

LANGE UND KURZE VOKALE

 X

TEST 3 – Lange und kurze Vokale

Testdauer: 10 min

Setze in den Aufgaben 1–10 Vokale und in den Aufgaben 11–15 Konsonanten ein.
Kontrolliere mit dem Lösungsheft und setze für jede richtige Lösung ein Häkchen.

1. In der Ausbildung der L_____rlinge g_____bt es auch L_____rläufe.

2. Man verliert so mit den J_____ren immer m_____r von seinen H_____ren.

3. Wirtschaftskr_____sen w_____derholen sich innerhalb eines Jahrz_____ntes.

4. Die B_____rung nach Erdöl war z_____mlich erg_____big.

5. M_____rfach wird vor einem Ansteigen des M_____ressp_____gels gewarnt.

6. Die Änderungen des Kl_____mas sind nicht nur messbar, sondern auch für alle sp_____r- und f_____lbar.

7. In einer M_____le wird Getreide zu M_____l gem_____len.

8. H_____ner und Gänse z_____len zum Federv_____.

9. In den Wörtern n_____lich und n_____mentlich steckt das Wort N_____me.

10. Für die Qualität der Jagdgew_____re übern_____men Händler keine Gew_____r.

11. Der Radiu_____ in einem Kreis i_____t der halbe Durchme_____er.

12. Der vollgepa_____te Ru_____sa_____ wog an die 20 Kilo.

13. Die Profe_____ori_____ für Sport wird von vielen Schüleri_____en geschä_____t.

14. Unzählige Nachrichtensate_____i_____en kreisen im Ko_____mo_____.

15. Obwohl er sich bei Wildwa_____er gut auske_____t, ke_____terte er mit seinem Boot.

Gesamtzahl der Lösungen: 47

Anzahl meiner richtigen Lösungen:

Ab 38 richtigen Lösungen und mehr kannst du zufrieden sein. Bei weniger als 38 solltest du dir die Seiten 38 bis 43 noch einmal anschauen.

X   KREUZE AN

1   2   3   *

1. Ich kann betonte Kurz- und Langvokale im Wort erkennen. (Übung 20, Seite 39)

2. Ich kann nach einem betonten Kurzvokal entscheiden, ob ein Konsonant verdoppelt werden muss. (Übung 21, Seite 39)

3. Ich erkenne, dass der betonte Kurzvokal für die Konsonantenverdoppelung entscheidend ist. (Übung 22, Seite 39)

4. Ich kann auf Grund einer Regel entscheiden, wann ein Langvokal mit Dehnungs-h geschrieben wird. (Übung 23, Seite 41)

5. Ich kenne Ausnahmewörter, bei denen der Langvokal i als i geschrieben wird. (Übung 24, Seite 41)

6. Ich berücksichtige bei meinen Entscheidungen für Langvokale die Wortbedeutung. (Übung 25, Seite 41)

7. Ich kenne Ausnahmewörter, bei denen nach einem unbetonten Kurzvokal verdoppelt wird. (Übung 26, Seite 43)

8. Ich kenne Wörter mit zwei Doppelkonsonanten. (Übung 27, Seite 43)

9. Ich kann eine Wortendung erkennen. (Übung 28, Seite 43)

10. Ich kann auch bei Verben die Doppelregel anwenden. (Übung 29, Seite 43)

11. Ich kann in einer Prüfungssituation auf mein Wissen zur Dehnung und Doppelschreibung zurückgreifen. (Test 3, Seite 44)

* Anmerkung
1 bedeutet: perfekt – alle Aufgaben richtig
2 bedeutet: ausreichend – mehr als die Hälfte der Aufgaben richtig
3 bedeutet: nicht ausreichend – weniger als die Hälfte der Aufgaben richtig

WORTBAUSTEINE UND WORTVERWANDTSCHAFTEN

WORTBAUSTEINE UND WORTVERWANDTSCHAFTEN

A **Wortbausteine in verwandten deutschen Wörtern**

▶ Wörter bestehen aus Bausteinen = Morphemen. Es gibt folgende Bausteine:

– Vorsilben: *ver*sprechen, *ent*sprechen, *vor*sprechen …
– Wortstämme: **Herz**, **herz**lich, be**herz**igen …
– Nachsilben: ehr**sam**, ehr**bar**, ehr**lich** …
– Grammatikendungen: ich wasch**e**, du wäsch**st**, er wäsch**t** …

▶ Die Schreibung der Bausteine bleibt in verwandten Wörtern im Wesentlichen gleich. Das bedeutet: Wenn du weißt, wie man das Grundwort schreibt, kannst du auch die ganze Wortfamilie richtig schreiben.

süß – Süßigkeit – versüßen – Süßspeise – gesüßt – süßlich – süßsauer …

▶ Es kommt vor, dass Wortbausteine ähnlich klingen, aber verschieden geschrieben werden. In der Regel ist auch die Wortbedeutung verschieden.

*die W**ai**se – das W**ai**senhaus – die W**ai**senkinder – die Vollw**ai**se – verw**ai**sen …*

*w**ei**se – die W**ei**sheit – ein W**ei**ser – w**ei**ssagen – der W**ei**sheitszahn …*

Eine weitere Übung zum richtigen Ableiten von Wörtern ist über den QR Code® oder Key abrufbar.
http://durchstarten-deutsch7.veritas.at/key/927

Key: 927

30 Übermale den Wortstamm und schreibe das entsprechende Grundwort daneben.

Schnäppchen ← schnappen

1. kurzärmelig ← _____
2. abgestürzt ← _____
3. kleinblättrig ← _____
4. beherrschen ← _____
5. unausstehlich ← _____

6. wertschätzen ← _____
7. geschnäuzt ← _____
8. verbläuen ← _____
9. männlich ← _____
10. hässlich ← _____

31 ! Diese Wörter unterscheiden sich durch den Wortstamm *Blatt* und *platt* (= flach). Setze jeweils den fehlenden Wortstamm ein und übermale ihn mit zwei verschiedenen Farben.

BEISPIEL die Blattläuse bekämpfen   Bodenplatten verlegen

1. die Tisch_____e reinigen
2. sich das Schulter_____ brechen
3. im Buch um_____ern
4. bei _____füßen Einlagen tragen
5. ein vier_____riger Klee

6. mit _____erteig backen
7. auf einer _____form stehen
8. einen _____salat anrichten
9. eine Schall_____e auflegen
10. ein _____chen aus Plastik

32 ! Diese Wörter sind entweder von *Satz* oder *setzen* abgeleitet. Setze jeweils den fehlenden Wortstamm ein.

BEISPIEL die Gegensätze   die Gesetze

zu_____lich   be_____t   grund_____lich
ge_____lich   Vor_____e   ver_____en
Grund_____e   nieder_____en   vor_____lich
Vorge_____ter   Auf_____e   gegen_____lich

WORTBAUSTEINE UND WORTVERWANDTSCHAFTEN

B **Wortbausteine in Fremdwörtern**

▶ Fremdwörter aus verschiedenen Sprachräumen sind in unseren Wortschatz eingeflossen. Viele Fremdwörter stammen aus dem Griechischen und Lateinischen.

Wörter aus dem Lateinischen machen grundsätzlich geringe Rechtschreibprobleme. Häufig kommt das Schriftzeichen *v* in Wörtern aus dem Lateinischen vor.

Video – lat. vedere = sehen
Visite – lat. visitare = besuchen

▶ Wörter aus dem Griechischen weisen besondere Schriftzeichen auf: *y, ph, rh, th*:
Hygro = Feuchtigkeit
Hypo = unter, darunter, weniger
Hydro = Wasser

Thema = Sache, über die man spricht
Al**ph**abet = Reihenfolge der Buchstaben, Alpha – Beta
Rhyt**h**mus = fließende, gleichmäßige Bewegung

▶ Wörter aus dem Englischen sind vor allem in die Computersprache eingeflossen. Bei der Schreibung von Fremdwörtern aus dem Englischen ist zu beachten, dass Laute unterschiedlich zur deutschen Sprache verschriftet werden.

[i] als y in Ci**ty** [ai] als y in N**y**lon
als ea in D**ea**ler als igh in Copyr**igh**t
als ee in T**ee**nager als i in P**i**peline
als i in St**i**ck

[dsch, tsch] als J in **J**eans
als Ch in **Ch**ampion

33 ❗ Verbinde die Fremdwörter aus dem Griechischen mit ihrer Bedeutung.

Hypothese	Gerät zur Messung der Luftfeuchtigkeit
hydraulisch	eine Seite eines Dreiecks
Hypotenuse	nicht bewiesene Annahme
Hydrokultur	ein eingebildeter Kranker
Hydrant	Pflanzen in einer Nährlösung
Hygrometer	mit Flüssigkeitsdruck arbeitend
Hypochonder	Aufzeichnung der Luftfeuchtigkeit
Hygrogramm	Zapfstelle zur Wasserentnahme

34 Setze folgende Fremdwörter aus dem Lateinischen zusammen. Schreibe sie mit dem Artikel in dein Übungsheft.

BEISPIEL Video – thek → **die Videothek**

Vis – um	Vent – il	Vok – al
– ion	– ilator	– abel
– ier	– ilation	– abular

35 ❗ In diesen englischen Fremdwörtern sind die Bausteine durcheinandergeraten. Bilde sinnvolle Wörter und schreibe sie in dein Übungsheft. Schreibe die Wortbedeutung in Klammer.

BEISPIEL High drink   Soft life →   **das Highlife** (Leben im großen Stil)
der Softdrink (alkoholfreies Getränk)

Joy pillar	Week stick	Teen jockey
Sand light	Disk wich	Blue end
Air ager	High station	Come port
Cater jeans	Play service	Party back

WORTBAUSTEINE UND WORTVERWANDTSCHAFTEN

WORTBAUSTEINE UND WORTVERWANDTSCHAFTEN

C Vor- und Nachsilben in deutschen Wörtern

▶ Vorsilben verändern die Grundbedeutung eines Wortes. Orthografisch werden sie immer gleich geschrieben.
Einige bereiten keine Rechtschreibprobleme: *ein-, be-, er-, un-, zer- …*;
andere wiederum sind fehleranfällig: *ent-, miss-, statt-, ver-, vor- …*

laufen	→	**ent**laufen
Brauch	→	**Miss**brauch
sagen	→	**ver**sagen
lesen	→	**vor**lesen
finden	→	**statt**finden

▶ Besondere Fehlerquellen sind Verwechslungen von ähnlich klingenden Bausteinen, zB *ent-* und *end-* (in Ende)
    statt und Sta**dt**

Strategie: Bei der Entscheidung immer an die Wortbedeutung denken!

▶ Die Nachsilben selbst bereiten kaum Rechtschreibprobleme. Sie werden ziemlich normal geschrieben. Trotzdem sollte man sie als guter Rechtschreiber als Signale für die Groß- und Kleinschreibung beachten.

– Nachsilben als Signale für die Großschreibung: *-ling, -ung, -sal …*

früh	→	**Frühling**		bürgen	→	Bürg**schaft**
ordnen	→	**Ordnung**		besitzen	→	Besitz**tum**
malen	→	**Malerei**		blind	→	**Blind**heit
mühen	→	**Mühsal**		einsam	→	Einsam**keit**

– Nachsilben als Signale für die Kleinschreibung: *-ig, lich, isch …*

Biss	→	biss**ig**
Jahr	→	jähr**lich**
Himmel	→	himm**lisch**

▶ Die Nachsilbe **-schaft** musst du von den ähnlichen Wörtern unterscheiden:

Nachbarschaft zu schaffen – er schafft, der Schaft (Stiefelschaft)

WORTBAUSTEINE UND WORTVERWANDTSCHAFTEN

36 **!** Setze *ent-/Ent-* oder *end-/End-* in die Lückenwörter ein.

BEISPIEL Mitarbeiter **ent**lassen

1. eine schaurige _____deckung machen

6. eine _____täuschung hinnehmen

2. _____lose Diskussionen führen

7. ein Spiel un_____schieden beenden

3. die Opfer _____schädigen

8. in der _____station aussteigen

4. sich lautlos _____fernen

9. die Arbeit großzügig _____gelten

5. eine un_____liche Geschichte

10. _____haltsam leben

37 **!** Setze *statt-/Statt-* oder *stadt-/Stadt-* in die Lückenwörter ein.

BEISPIEL jemandem etwas ge**statt**en

1. an_____ einer Brille Linsen tragen

6. am Abend _____auswärts fahren

2. am _____rand im Grünen wohnen

7. die Teilnahme ge_____en

3. er spielt, _____zu lernen

8. den _____plan lesen

4. eine _____liche Summe veruntreuen

9. alle vier Jahre _____finden

5. in einer Groß_____leben

10. einen _____halter bestellen

38 Bilde neue Wörter durch Anhängen der Nachsilben *-heit, -keit* und *-schaft*.
Schreib sie in dein Übungsheft.

BEISPIEL stur → die Stur**heit**   fromm → die Frömmig**keit**   Feind → die Feind**schaft**

rau →	fröhlich →	Mann →
roh →	ewig →	Freund →
frech →	selig →	Herr →

39 Setze den richtigen Wortbaustein (*schafft/schaft*) ein.

BEISPIEL Wer zahlt, **schafft** an.

1. Die Mann_____e in der letzten Sekunde den Ausgleich.

2. Was ver_____ mir die Ehre?

3. Der _____eines Gewehres ist meist aus Holz.

4. Die Wanderer waren am Abend komplett ge_____.

5. Der Egoist ver_____ sich immer nur Vorteile.

WORTBAUSTEINE UND WORTVERWANDTSCHAFTEN

D Vor- und Nachsilben in Fremdwörtern

▶ In Fremdwörtern entstehen ebenso durch Vorsilben neue Wortbedeutungen. Mit den folgenden Vorsilben kann man das Gegenteil ausdrücken.

Import	–	**Ex**port	(Einfuhr – Ausfuhr)
legal	–	**il**legal*	(gesetzlich – ungesetzlich)
real	–	**ir**real*	(wirklich – unwirklich)
mobil	–	**im**mobil*	(beweglich – unbeweglich)

* Beachte den Zusammenstoß von Vorsilbe und Wortstamm!

▶ Häufige Vorsilben sind weiters:

dis-	in	**Dis**kussion
pro-	in	**Pro**nomen
prä-	in	**Prä**dikat
kol-	in	**Kol**lision*
kom-	in	**Kom**post
kon-	in	**Kon**ferenz
kor-	in	**kor**rekt*

* Beachte den Zusammenstoß von Vorsilbe und Wortstamm!

▶ Einige Nachsilben enthalten besondere orthografische Stellen:

-tät	in	Quali**tät**
-tion	in	Demonstra**tion**
-iv	in	Dat**iv**
-ismus	in	Optim**ismus**
-ell	in	gener**ell**
-är	in	ordin**är**

▶ Die Nachsilbe -ieren mit den Varianten -isieren und -ifizieren kommt in Verben vor, die sich von einem Fremdwort ableiten.

Kontakt	→	kontakt**ieren**
real	→	real**isieren**
elektrisch	→	elektr**ifizieren**

40 ❗ Bilde durch die richtige Vorsilbe das Gegenteil. Schreibe das Wort mit der gegensätzlichen Bedeutung auf.

BEISPIEL   human – **in**human

1. regulär – _____

2. materiell – _____

3. offiziell – _____

4. loyal – _____

5. konsequent – _____

6. aktiv – _____

41 Bilde mit folgenden Vorsilben sinnvolle Wörter. In jeder Kolonne steckt ein Kuckucksei. Streiche es durch. Schreibe die sinnvollen Wörter mit dem Artikel in dein Übungsheft.

BEISPIEL   Kon zert   das **Kon**zert
              ~~plott~~
              kurrenz   die **Kon**kurrenz

Pro	viant	Kom	plize	Prä	position	Kol	legin
	gramm		zept		sident		laps
	duzent		promiss		diger		lektion
	fekt		post		teritum		pott

Dis	perte	Kor	rektur	Kon	junktiv
	kussion		ridor		serve
	qualifikation		ruption		kurrenz
	kont		fekt		pliment

42 ❗ Ergänze bei folgenden Wörtern die Nachsilbe.

BEISPIEL   Quanti_____ → Quanti**tät**

Spekula_____   Organ_____   sekund_____

spezi_____   spektakul_____   materi_____

Sank_____   Aktivi_____   primit_____

43 Leite von folgenden Wörtern Verben auf *-ieren*, *-isieren*, *-ifizieren* ab. Schreibe sie in dein Übungsheft.

BEISPIEL   ident → ident**ifizieren**

Gravur   →   Notiz   →   Finanz →   Rhythmus   →
Symbol   →   Analyse →   Spion   →   Konstruktion →

WORTBAUSTEINE UND WORTVERWANDTSCHAFTEN

X **TEST 4 – Wortbausteine und Wortverwandtschaften**

Testdauer: 10 min

Bei den Aufgaben 1–10 handelt es sich um deutsche Wörter, bei den Aufgaben 11–18 um Fremdwörter. Setze die fehlenden Buchstaben ein. Kontrolliere mit dem Lösungsheft und trage für jede richtige Lösung ein Häkchen ein.

1. Das Wort S____ligkeit leitet man nicht von S____le ab.

2. Ansta____ des Autos sollte man im stä____ischen Verkehr Öffis bevorzugen.

3. Das Unen____schieden wurde in der letzten Spielminute gescha____t.

4. Grunds____tzlich wurde das Ges____tzeswerk von allen Parteien gutgeheißen.

5. Auf der glatten ____lattform zog er sich einen Bruch des Schulter____lattes zu.

6. Spaghettitr____ger und kurz____rmelige Hemden sind im Büro tabu.

7. Der junge Lenker verlor die He____scha____t über sein Auto.

8. Rau____eit und Ro____eit wachsen auf demselben Holz.

9. Gegen Abend fahren Pendler sta____ausw____rts.

10. Kolumbus en____deckte nur zuf____llig Amerika.

11. Die Pro____essoren saßen stundenlang bei einer Konfe____enz.

12. Jedes Dreieck hat eine Hypo____enuse und zwei Ka____eten.

13. Auf Grund des Schlechtwetters war das Rennen i____egul____r.

14. Manche haben das ____y____musgefühl im Blut.

15. Die Ko____uption sorgt für politische Di____kussionen.

16. Die Chefin a____e____ierte an den Teamgeist ihrer Mitarbeiter.

17. Die Meldung wurde o____izi____ dementiert.

18. Drogen werden i____egal importiert und e____portiert.

Gesamtzahl der Lösungen: 36

Anzahl meiner richtigen Lösungen:

Ab 29 richtigen Lösungen und mehr kannst du zufrieden sein. Bei weniger als 29 solltest du dir die Seiten 46 bis 53 noch einmal anschauen.

WORTBAUSTEINE UND WORTVERWANDTSCHAFTEN

X   KREUZE AN

1   2   3   *

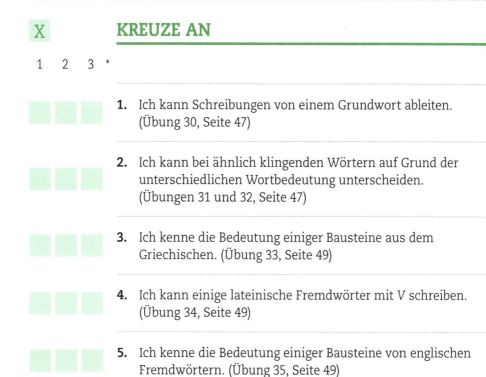

1. Ich kann Schreibungen von einem Grundwort ableiten.
(Übung 30, Seite 47)

2. Ich kann bei ähnlich klingenden Wörtern auf Grund der
unterschiedlichen Wortbedeutung unterscheiden.
(Übungen 31 und 32, Seite 47)

3. Ich kenne die Bedeutung einiger Bausteine aus dem
Griechischen. (Übung 33, Seite 49)

4. Ich kann einige lateinische Fremdwörter mit V schreiben.
(Übung 34, Seite 49)

5. Ich kenne die Bedeutung einiger Bausteine von englischen
Fremdwörtern. (Übung 35, Seite 49)

6. Ich kann zwischen den Bausteinen *ent-/Ent-, end-/End-, statt-/
Statt-, stadt-/Stadt-* und *schafft/schaft* unterscheiden.
(Übungen 36, 37 und 39, Seite 51)

7. Ich kann Wörter durch Nachsilben verändern.
(Übung 38, Seite 51)

8. Ich kann Wörter mit fremdsprachigen Vor- und Nachsilben
schreiben. (Übungen 40 bis 43, Seite 53)

9. Ich kann in einer Prüfungssituation mein Wissen über die
Schreibung von Wortbausteinen anwenden. (Test 4, Seite 54)

* Anmerkung
1 bedeutet: perfekt – alle Aufgaben richtig
2 bedeutet: ausreichend – mehr als die Hälfte der Aufgaben richtig
3 bedeutet: nicht ausreichend – weniger als die Hälfte der Aufgaben richtig

**Ein weiterer Test zur Schreibung von Fremdwörtern ist über den QR Code®
oder Key abrufbar.**
http://durchstarten-deutsch7.veritas.at/key/353

Key: 353

DIE WORTTRENNUNG AM ZEILENENDE

A **Trennungen von einfachen Wörtern**

▶ Grundsätzlich können nur **mehrsilbige** Wörter getrennt werden. Hier gelten folgende Regeln:

1 Ein einzelner Konsonant an der Silbengrenze kommt in die nächste Zeile.

le – *sen*, zie – *hen*, Ba – *na* – *ne* …

2 Die Buchstabenverbindungen *ch, sch, ph, th, ck, qu* gelten als **ein** Konsonant.

wa – *ch*en, wa – *sch*en, Pro – *ph*et, Zi – *th*er, Bä – *ck*er …

3 Bei mehreren Konsonanten an der Silbengrenze kommt der letzte in die nächste Zeile.

ras – *t*en, Erb – *s*e, fül – *l*en, füll – *t*en, hüp – *f*en, Kat – *z*e …

4 Einzelne Vokale dürfen am Wortanfang und Wortende nicht abgetrennt werden.

E tu i hat zwar 3 Silben, darf aber nicht getrennt werden.

▶ Bei **Fremdwörtern** gelten zum Teil dieselben Regeln wie bei deutschen Wörtern, zum Teil muss man aber besondere Richtlinien beachten, zB

Verbindungen aus Konsonant + *l, n, r* bleiben beisammen oder werden getrennt.

Zy – **klus**	oder	Zy**k** – lus
Si – **gnal**	oder	Si**g** – nal
Fa – **brik**	oder	Fa**b** – rik

DIE WORTTRENNUNG AM ZEILENENDE

44 Ziehe senkrechte Trennungsstriche.

BEISPIEL lau|schen

l a u s c h t e n	b a c k e n	K o f f e r	S a m m l e r
z i t t e r n	s e t z e n	t r e f f e n d	S t ä d t e
s a m m e l n	S t r o p h e	A t h l e t	K a s t e n
c h e c k e n	N y m p h e	M a n n e q u i n	s p e r r t e n
S a p h i r	B l o c k a d e	z i t t r i g	c h e c k t e n

45 ❗ Welche Trennung ist korrekt? Kreuze an.

BEISPIEL   A – mei – se   X Amei – se   Am – ei – se

1.	Ö – ko – lo – gie	Öko – log – ie	Öko – lo – gie
2.	Ka – kao	Ka – ka – o	Kak – a – o
3.	A – no – rak	Ano – rak	Anor – ak
4.	Pha – ra – o	Phar – ao	Pha – rao
5.	Epo – che	E – po – che	Ep – oche
6.	A – na – lo – gie	Ana – lo – gie	Ana – log – ie

46 ❗ Bei den folgenden Fremdwörtern gibt es zwei Trennungsvarianten.
Schreibe beide Varianten auf.

BEISPIEL Fabrik   Fa**b** – **r**ik   Fa – **br**ik

1. Hydrant
2. Signal
3. Migräne
4. Diplom
5. Publikum
6. Mikrofon
7. Magnet
8. Lepra

DIE WORTTRENNUNG AM ZEILENENDE

B **Trennungen von zusammengesetzten Wörtern**

▸ Zusammengesetzte Wörter und Wörter mit Vorsilben werden grundsätzlich nach **Sprachsilben** = Wortbausteinen = Morphemen getrennt.

1 Zusammengesetzte Wörter werden zwischen ihren Bestandteilen getrennt.

Rad – weg, Zahn – arzt, Zahn – arzt – stuhl …

2 Wörter mit Vorsilben werden ebenfalls zwischen den Bestandteilen getrennt.

Ge – wehr, **Aus** *– weg,* **Fort** *– schritt,* **Ver** *– ein …*

3 Kann man in Wörtern die Wortbausteine nicht mehr erkennen, so kann man auch nach Sprechsilben trennen.

hin – auf	oder	*hi – nauf*
dar – um	oder	*da – rum*

4 Werden in Fremdwörtern die Bestandteile nicht mehr erkannt, so kann man auch nach Sprechsilben trennen.

Päd – ago – ge oder *Pä – da – go – ge*

▸ Wörter mit **Nachsilben** werden so getrennt:

1 Beginnt eine Nachsilbe mit einem Konsonanten, wird die Nachsilbe als Einheit abgetrennt.

täg – **lich**

2 Beginnt eine Nachsilbe mit einem Vokal, kommt der letzte Konsonant des Wortstammes in die nächste Zeile.

Ta – **gung**

47 Teile die Wörter zwischen ihren Bestandteilen.

BEISPIEL   Wachstube   →   **Wachs – tube**
            Wachstube   →   **Wach – stube**

Buchstabe   →   ....

Buchsbaum   →   ....

Lachsalve   →   ....

lachsrosa   →   ....

Dachsbau   →   ....

Dachstuhl   →   ....

48 Entscheide, ob in den folgenden Wörtern Vorsilben vorkommen. Unterstreiche die Vorsilben und schreibe dann die Wörter getrennt in dein Übungsheft.

BEISPIEL   <u>be</u>eilen → **be – ei – len**
            bergen → **ber – gen**
            <u>be</u>reit → **be – reit**

Ernte →	dabei →	Urwald →	Entwurf →	Vertrag →
Ertrag →	damit →	Urne →	entsetzt →	Verse →
Erfolg →	danke →	Urteil →	Ente →	Verbot →

49 Trenne die Nachsilben richtig ab.

BEISPIEL   zei**l**tig   aber   zeit**l**ich

täglich   aber   dreitägig

Ehrung   aber   ehrlich

taktlos   aber   taktisch

jährlich   aber   Verjährung

50 Folgende Wörter sind hier nach Sprachsilben getrennt. Trenne sie auch nach Sprechsilben.

BEISPIEL   hin – auf → **hi – nauf**

dar – um   →   ....   war – um   →   ....

her – auf   →   ....   hin – ab   →   ....

hin – aus   →   ....   vor – an   →   ....

DIE WORTTRENNUNG AM ZEILENENDE

X **TEST 5 – Worttrennung am Zeilenende**

Testdauer: 10 min

Kreuze jeweils die richtige Trennungsvariante an. Vorsicht, bei manchen Wörtern gibt es auch zwei richtige Lösungen.

1.	Fa – bri – ken	Fa – brik – en	Fab – ri – ken
2.	Block – a – de	Blo – cka – de	Bloc – ka – de
3.	städt – i – sche	stä – dti – sche	städ – ti – sche
4.	urs – prüng – lich	ur – sprün – glich	ur – sprüng – lich
5.	Be – straf – ung	Be – stra – fung	Best – ra – fung
6.	un – schlü – ssig	un – schlüs – sig	unsch – lüs – sig
7.	hin – ein – le – gen	hi – nein – leg – en	hi – nein – le – gen
8.	Ver – änd – er – ung	Ver – än – de – rung	Ver – änd – erung
9.	he – run – ter	her – unt – er	her – un – ter
10.	Beis – tri – che	Bei – strich – e	Bei – stri – che
11.	Hy – dro – kul – tur	Hyd – ro – ku – ltur	Hyd – ro – kul – tur
12.	Mag – ne – tism – us	Ma – gne – tis – mus	Mag – ne – tis – mus
13.	Lei – stun – gen	Leis – tun – gen	Leist – un – gen
14.	Bulg – ari – en	Bul – gar – i – en	Bul – ga – ri – en
15.	ö – ster – rei – chisch	österr – eich – isch	öster – rei – chisch
16.	I – tal – ien	Ita – li – en	I – ta – li – en
17.	Au – tor – en – nen	Au – to – re – nnen	Au – to – ren – nen
18.	Lie – der – zy – klus	Lied – er – zyk – lus	Lie – der – zyk – lus
19.	a – nein – an – der	an – ei – nan – der	an – ein – an – der
20.	Süß – ig – kei – ten	Sü – ßig – keit – en	Sü – ßig – kei – ten

Gesamtzahl der Lösungen: 27

Anzahl meiner richtigen Lösungen:

Ab 21 richtigen Lösungen und mehr kannst du zufrieden sein. Bei weniger als 21 solltest du dir die Seiten 56 bis 59 noch einmal anschauen.

X   KREUZE AN

1   2   3   *

1. Ich kann bei einfachen Wörtern die Trennungsregeln anwenden. (Übungen 44 bis 46, Seite 57)

2. Ich kann zusammengesetzte Wörter richtig trennen. (Übung 47, Seite 59)

3. Ich kann Wörter mit Vorsilben richtig trennen. (Übungen 48 und 50, Seite 59)

4. Ich kann Wörter mit Nachsilben richtig trennen. (Übung 49, Seite 59)

5. Ich kann in einer Prüfungssituation alle Trennungsregeln richtig anwenden. (Test 5, Seite 60)

* Anmerkung
1 bedeutet: perfekt – alle Aufgaben richtig
2 bedeutet: ausreichend – mehr als die Hälfte der Aufgaben richtig
3 bedeutet: nicht ausreichend – weniger als die Hälfte der Aufgaben richtig

DIE ZEICHENSETZUNG

A Beistriche richtig setzen

▸ Du kennst schon einige Fälle, bei denen ein Beistrich gesetzt werden muss.

1 Beistriche stehen zwischen Aufzählungen.

*Die Firma sucht **Mechaniker, Lackierer** und **Hilfskräfte**.*
*Die Firma sucht **Mechaniker, Lackierer,** aber keine **Hilfskräfte**.*

2 Beistriche stehen vor und nach Zusätzen und Nachträgen.

*Alle kennen Bill Gates, **den reichsten Mann der Welt**.*
*Bill Gates, **den reichsten Mann der Welt,** kennen alle.*

3 Beistriche stehen zwischen Hauptsatz und Nebensatz.

*Die Urlauber waren guter Laune, **obwohl es regnete**.*
***Obwohl es regnete,** waren die Urlauber guter Laune.*
*Die Urlauber waren, **obwohl es regnete,** guter Laune.*

▸ Beistriche stehen auch bei satzwertigen Infinitiven.

1 Grundsätzlich ist der Beistrich bei satzwertigen Infinitiven freigestellt.

*Wir hoffen, **rechtzeitig zu kommen**.*
*Wir hoffen **rechtzeitig zu kommen**.*

2 In folgenden Fällen muss ein Beistrich gesetzt werden:

– wenn die Infinitivgruppe mit *um … zu, statt … zu, außer … zu, als … zu, ohne … zu* eingeleitet wird.

*Der Fremde trat ein, **ohne anzuklopfen**.*
***Ohne anzuklopfen,** trat der Fremde ein.*
*Der Fremde trat, **ohne anzuklopfen,** ein.*

– wenn die Infinitivgruppe von einem **Substantiv** oder **Verweiswort** abhängt.

*Es ist die **Pflicht, bei Unfällen zu helfen**.*
***Zu schweigen, das** wäre in diesem Fall das Beste.*

– wenn Missverständnisse entstehen können.

*Sie hoffte, **täglich** eine Nachricht von ihm zu bekommen.*
*Sie hoffte **täglich,** eine Nachricht von ihm zu bekommen.*

51 Setze bei den Aufzählungen und Zusätzen Beistriche.

BEISPIEL   Er liest Krimis, Zukunftsromane, aber keine Liebesgeschichten.

1. Henri Dynant den Gründer des Roten Kreuzes sollte man kennen.

2. Er umarmte sie außer sich vor Freude.

3. Sie isst gerne Gemüse besonders Kohl und Kohlrabi.

4. Meine Oma ist schon alt aber noch sehr rüstig.

5. Mein Onkel ein begeisterter Mountainbiker und meine Tante leben sportlich.

6. Die Angestellte ist kompetent freundlich sowie verlässlich.

52 Unterstreiche die Nebensätze und setze zwischen Haupt- und Nebensätzen Beistriche.

BEISPIEL   <u>Wenn es dämmrig wird,</u> werden die Gelsen lästig.

1. Wo Inn und Donau zusammenfließen liegt Passau.

2. Überlege gründlich bevor du sprichst!

3. Er erträgt die harte Arbeit indem er an seinen Urlaub denkt.

4. Da Familie B sparsam lebt kann sie sich auch einen Urlaub leisten.

5. Ein Moped das nur 50 km/h fahren darf sollte man nicht auffrisieren.

6. Jede Person die die Folgen kennt würde so etwas nicht tun.

53 **!** Unterstreiche die Infinitivgruppen und setze Beistriche. Kreuze an, welche Begründung für den Beistrich zutrifft: 1 = um … zu, ohne … zu; 2 = Verweiswort/Substantiv; 3 = Missverständnis

	1	2	3
BEISPIEL <u>Zu helfen,</u> das ist unsere Pflicht.		X	
1. Gestern stellten wir den Wecker um ja nicht zu spät zu kommen.			
2. Sandra versprach ihrem Vater bald zu schreiben.			
3. Zu fragen das wird doch noch erlaubt sein.			
4. Es ist sein größter Wunsch im Lotto zu gewinnen.			
5. Ohne zu zögern bot er seine Hilfe an.			
6. Es gibt kaum Schöneres als am Strand zu liegen und zu träumen.			

DIE ZEICHENSETZUNG

B   Sonderfälle in der Beistrichsetzung

▶ Ein besonderer Fall sind Beistriche vor **und**. Grundsätzlich wird kein Beistrich gesetzt, doch sind weitere Regeln zu beachten:

1   Ein Bestrich wird gesetzt, wenn ein Nachtrag mit *und, und das, und zwar* eingeleitet wird.

*Er wurde bestraft**, und** (das) mit Recht.*
*Sie kommt heute**, und** zwar um fünf.*

2   Nach einem eingeschalteten Gliedsatz oder einer Infinitivgruppe wird vor *und* ein Beistrich gesetzt.

*Er wusste, dass er zu wenig kann**, und** lernte täglich zwei Stunden.*
*Sie dachte nicht daran, bei diesem Wetter auszugehen**, und** spielte am Computer.*

3   Nach einer eingeschalteten direkten Rede wird vor *und* ein Beistrich gesetzt.

*Sie sagte: „Komm noch heute!"**, und** legte den Hörer auf.*

4   Zwischen Hauptsätzen kann vor *und* ein Beistrich gesetzt werden, um die Gliederung deutlich zu machen.

Die Erwachsenen gehen voraus(,) **und** *die Kinder warten hier.*

▶ Ein weiterer Sonderfall sind Beistriche bei **Vergleichen**. Hier gilt Folgendes:

1   Kein Beistrich wird gesetzt, wenn auf *wie* und *als* kein vollständiger Satz folgt, sondern nur eine Wortgruppe ohne Prädikat.

*Er singt **wie eine Lerche**.*
*Sie lernt leichter **als er**.*

2   Ein Beistrich wird gesetzt, wenn auf *wie* und *als* ein vollständiger Gliedsatz (Vergleichssatz) folgt.

*Er war besser**, als es alle erwartet hatten**.*
*Sie war so souverän**, wie es alle erwartet hatten**.*

54 **!** Unterstreiche die eingeschalteten Gliedsätze oder Infinitivgruppen und setze die Beistriche.

BEISPIEL Er glaubte, dass er im Recht wäre, und klagte bei Gericht.

1. Er ärgerte sich weil er eine schlechte Note bekommen hatte und begann zu weinen.

2. Er fragte ob sie morgen komme und verabschiedete sich.

3. Er parkte das Auto das einen Motorschaden hatte und rief den Notdienst an.

4. Er hoffte lauter Einser im Zeugnis zu haben und war bitter enttäuscht.

5. Er überquerte die Straße ohne zu schauen und wurde von einem Auto erfasst.

6. Sie plauderten statt aufzupassen und krachten gegen die Leitplanken.

55 **!!** Unterstreiche die eingeschalteten direkten Reden und setze dann die fehlenden Satzzeichen.

BEISPIEL Er fragte: „Wer ist draußen?", und öffnete die Tür.

1. Der Räuber rief Hände hoch und zog einen Revolver aus der Tasche.

2. Er fragte Kommst du morgen und verabschiedete sich.

3. Sie klagte Ich bin so schwindelig und verlor das Bewusstsein.

4. Der Lehrer ermahnte Bitte um Aufmerksamkeit und setzte fort.

5. Der Zahnarzt meinte Es ist nur ein kleines Loch und begann zu bohren.

6. Sie verabschiedete sich Bis zum nächsten Mal und fuhr ab.

56 Unterstreiche die Hauptsätze und zeige an, wo ein Beistrich gesetzt werden kann und wo er gesetzt werden muss.

BEISPIEL Der Vorhang hebt sich(,) und der Schauspieler betritt die Bühne.

1. Wer hat das Auto gelenkt und wer ist der Besitzer?

2. Millionen benutzen ein Smartphone und täglich werden es mehr.

3. Ich spiele Gitarre und mein Bruder bläst die Trompete.

4. Es war warm die Sonne schien und wir waren gut gelaunt.

5. Alle waren dabei und keiner will es gesehen haben.

6. Es wird dunkel die Nacht bricht herein und die Lichter gehen an.

DIE ZEICHENSETZUNG

C Verschiedene Punkte

▸ **Punkte** können in einem Text verschiedene Funktionen erfüllen:

1 Der Schlusspunkt steht nach einem Aussagesatz oder einer Aufforderung ohne Nachdruck.

Eis schmilzt bei 0° Celsius. Setze die fehlenden Buchstaben ein.

2 Der Abkürzungspunkt:

Universitätsprofessor = Univ. Prof.

3 Der Ordnungszahlpunkt:

Leopold V.

4 Die drei Auslassungspunkte:

Wir führen: Elektrobikes, Rennräder, Mountainbikes, Kinderfahrräder ...

▸ Der **Doppelpunkt** steht:

1 vor der direkten Rede oder vor wörtlich angeführten Gedanken.
Nach dem Doppelpunkt wird großgeschrieben.

Er meinte: „Es ist nun genug."

2 vor Aufzählungen
Nach dem Doppelpunkt wird kleingeschrieben.

Zum Essen empfiehlt sich: frisches Obst, rohes Gemüse usw.

3 vor Erläuterungen
Nach dem Doppelpunkt wird großgeschrieben, wenn ein Ganzsatz mit einem Prädikat folgt.

Ein Sprichwort lautet: Frisch gewagt ist halb gewonnen.

▸ Der **Strichpunkt** steht:

1 bei Aufzählungen, um gleichartige Gruppen voneinander zu trennen.

Die Gärtnerei lieferte: Buchen, Linden, Eichen; Flieder und Weißdorn.

2 zwischen kurzen Hauptsätzen, wo der Beistrich zu schwach und der Punkt zu stark trennen würden.

Iss, was gar ist; trink, was klar ist; sprich, was wahr ist.
Kärnten ist reich an Seen; deshalb wird es gern besucht.

57 Setze die fehlenden Punkte.

BEISPIEL Am 6. Dezember ist Nikolaus.

1. Leopold III wird als Landespatron von Niederösterreich verehrt

2. Am 15 November ist sein Namenstag und gleichzeitig Landesfeiertag

3. Es gibt verschiedene Bräuche wie Leopoldi-Schießen, Fasslrutschen usw

4. Der Landesfeiertag wurde in einem LGBl (Landesgesetzblatt) veröffentlicht

5. Hohe Vertreter der NÖ Landesregierung nehmen an den alljährlichen Feierlichkeiten teil

6. Der hl Leopold wirkte als Markgraf im 11 Jahrhundert

58 Setze die fehlenden Doppelpunkte.

BEISPIEL Die beliebtesten Haustiere sind: Hunde, Katzen, Hamster etc.

1. Peter meint „Wer´s glaubt, wird selig."

2. Wir nehmen auf Tischler, Tapezierer, Lackierer …

3. Ihr Vorteil keine Freischaltkosten, keine Grundgebühr, niedrige Gesprächsgebühr!

4. Die Regel lautet Schreibe groß, wenn ein ganzer Satz folgt.

5. Ich dachte „Jetzt wird es spannend."

6. Äußerst gesund sind fettarme Speisen, frisches Obst und Gemüse und Alkoholfreies.

59 Setze die fehlenden Beistriche und Strichpunkte.

BEISPIEL Die Nacht war stockdunkel; deshalb ließen wir das Außenlicht brennen.

1. Geschützt sind: Enzian Edelweiß Eisenwurz Salamander Ringelnatter und Maulwurf.

2. Alle warten alle sind still keiner spricht ein Wörtchen.

3. Zwei Monate lebte er im Untergrund doch dann wurde er verraten.

4. Der Proviant bestand aus Brot Speck Käse Bananen Äpfel und Kiwis.

5. Pia will eine Katze aber ihre Eltern dulden keine Haustiere.

6. Der eine kam und blieb der andere kam und ging.

06

DIE ZEICHENSETZUNG

X | **TEST 6 – Die Zeichensetzung**

Testdauer: 10 min

Setze die fehlenden Satzzeichen. Kontrolliere mit dem Lösungsheft und setze für jedes richtige Satzzeichen ein Häkchen.

1. Er dachte sich   Wenn das so ist muss ich mich beeilen und brach auf

2. Die Firma sucht Tischler Tapezierer Lackierer

3. Friedrich II der König der Preußen war der Gegner von Maria Theresia

4. Iss was gar ist trink was klar ist sprich was wahr ist

5. Der Zahnarzt meinte   Mund auf   und begann mit der Behandlung

6. Gestern um nicht zu spät zu kommen stellten wir den Wecker früher als sonst

7. Man soll essen um zu leben aber nicht leben um zu essen

8. Die Gärtnerei lieferte Buchen Linden Eichen Flieder und Weißdorn

9. Der hl Leopold Markgraf im 11 Jahrhundert wird als Landespatron verehrt

10. Ein Sprichwort lautet   Wer sein Recht nicht nutzt verliert es

11. Die Urlauber waren obwohl Schlechtwetter herrschte in guter Laune

12. Sie flehte   Komm bald zurück   und legte den Hörer auf

13. Mein Onkel ein begeisterter Golfspieler und meine Tante leben sportlich

14. Dr Meier Univ Prof in Ruhe ordiniert noch privat

15. Er fragte   Kommst du morgen   und verabschiedete sich

16. Der Retter sprang ohne zu zögern ins eiskalte Wasser

17. Er parkte das Auto das eine Panne hatte und rief den Notdienst an

18. Er lief schneller als man es von ihm erwarten konnte

Gesamtzahl der Lösungen: 80

Anzahl meiner richtigen Lösungen:

Ab 64 richtigen Lösungen und mehr kannst du zufrieden sein. Bei weniger als 64 solltest du dir die Seiten 62 bis 67 noch einmal anschauen.

X — KREUZE AN

1   2   3   *

1. Ich kann bei Aufzählungen, Zusätzen und Nachträgen Beistriche setzen. (Übung 51, Seite 63)

2. Ich kann zwischen Haupt- und Nebensätzen Beistriche setzen. (Übung 52, Seite 63)

3. Ich kann bei Infinitivgruppen Beistriche setzen. (Übung 53, Seite 63)

4. Ich kenne die Fälle, bei denen vor *und* ein Beistrich gesetzt wird. (Übungen 54 bis 56, Seite 65)

5. Ich kenne verschiedene Funktionen von Punkten und kann sie richtig setzen. (Übung 57, Seite 67)

6. Ich kann Doppelpunkte richtig setzen. (Übung 58, Seite 67)

7. Ich kenne die Funktion von Strichpunkten und kann sie richtig setzen. (Übung 59, Seite 67)

8. Ich kann in einer Prüfungssituation mein Wissen über die Zeichensetzung anwenden. (Test 6, Seite 68)

* Anmerkung
1 bedeutet: perfekt – alle Aufgaben richtig
2 bedeutet: ausreichend – mehr als die Hälfte der Aufgaben richtig
3 bedeutet: nicht ausreichend – weniger als die Hälfte der Aufgaben richtig

WORTARTEN BESTIMMEN

A Die verschiedenen Wortarten

▸ Das weißt du schon: Es gibt fünf veränderbare Wortarten und fünf nicht veränderbare Wortarten.

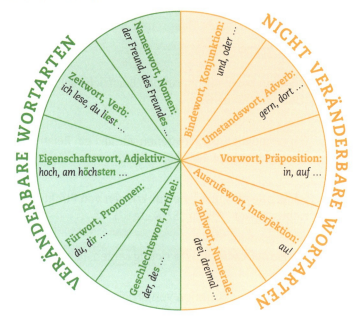

▸ Es gibt verschiedene Formen der Veränderungen = der Flexion:

1 Anfügen einer Flexionsendung an den Wortstamm

Nomen: *das Kind → des Kind**es**, die Kind**er**, mit den Kind**ern** …*
Verb: *singen → ich sing**e**, du sing**st**, er sing**t**, wir sing**en** …*
Adjektiv: *schön → schön**e** Tage, schön**er** schreiben, am schön**sten** sein …*
Pronomen: *mein → mein**e** Brüder, mein**es** Vaters, mein**er** Eltern, mein**en** Brüdern …*

2 Verändern des Stammvokales durch einen Umlaut (und zusätzliche Flexionsendung) *a → ä, o → ö, u → ü, au → äu*

Nomen: *der G**a**rten → die G**ä**rten; die Fr**u**cht → die Fr**ü**chte …*
Verb: *schl**a**gen → es schl**ä**gt …*
Adjektiv: *k**u**rz → k**ü**rz**er** …*

3 Verändern des Stammvokales durch einen Ablaut
a → u, e → a, ei → i, i → a

Verb: *sie gr**a**ben → sie gr**u**ben, sie n**e**hmen → sie n**a**hmen, sie r**ei**ten → sie r**i**tten,*
*sie spr**i**ngen → sie spr**a**ngen …*

60 Verbinde die deutschen und lateinischen Fachbegriffe.

Namenwort	Adjektiv
Ausrufewort	Numerale
Vorwort	Nomen
Bindewort	Verb
Fürwort	Interjektion
Zahlwort	Präposition
Umstandswort	Konjunktion
Geschlechtswort	Pronomen
Zeitwort	Adverb
Eigenschaftswort	Artikel

61 Trage folgende veränderbare Wörter in eine Tabelle ein. Schreibe in dein Übungsheft.

~~KOHLE~~, SEHEN, DIE, FREUDIG, DIR, LIEB, WELT, MEIN, HUMOR, AKTUELL, ROH, HAAR, URLAUBEN, REUE, DES, FROH, UNS, DEM, WEINEN, DAS, RAU, GANG

BEISPIEL	Nomen	Artikel	Verb	Adjektiv	Pronomen
	Kohle				

62 Trage folgende nicht veränderbare Wörter in eine Tabelle ein. Schreibe in dein Übungsheft.

~~hinter~~, gestern, oder, ziemlich, dass, pfui, dreizehn, unter, und, ach, einst, vielleicht, aber, bei, entlang, jedoch, bald, gegen, jetzt, links, zwischen, oje, zweimal, pst, endlich, vor

BEISPIEL	Präposition	Adverb	Konjunktion	Interjektion	Numerale
	hinter				

63 ❗ Übermale die Veränderungen der unterstrichenen Wörter so: gelb = Flexionsendung, rosa = Umlaut, türkis = Ablaut.

BEISPIEL   Alle sollten wichtige <u>Lerntipps</u> beachten.

1. Du <u>trägst</u> alle <u>Prüfungstermine</u> in einem Kalender ein.
2. Nach 45 <u>Minuten</u> Lernzeit <u>lässt</u> <u>deine</u> Konzentration nach. Mache <u>eine</u> Pause.
3. Du <u>wirst</u> dich wundern, wie gut die Pause <u>tut</u>.
4. Für Abendwiederholungen <u>gilt</u>: Es ist <u>klüger</u>, wenn man nachher zu Bett geht.

WORTARTEN BESTIMMEN

B Das Verb

▸ Das weißt du schon: Ein Verb verändert sich in der Person, Zahl, Zeit und in der Aktionsart: *ich lobe* – Aktivform
ich werde gelobt – Passivform

▸ Bei der **Passivform** muss man unterscheiden:

Vorgangspassiv: *Das Fenster* **wird** *geöffnet.*

Zustandspassiv: *Das Fenster* **ist** *geöffnet.*

▸ Das Verb verändert sich auch mit der **Aussageweise**.

– Geschieht etwas tatsächlich? → Indikativ = **Wirklichkeitsform**

Er **kommt** *wieder.*

– Ist es nur ein Wunsch oder eine Annahme? → Konjunktiv = **Möglichkeitsform**

Er meinte, er **komme** *wieder.*

▸ Der **Konjunktiv** tritt in zwei Formen auf:

– **Konjunktiv I**: wird von der Gegenwartsform gebildet: *er geht* → *er gehe*
Er wird meist in indirekten Reden oder Fragen verwendet:

Er meinte, dass es ihm in der Schule gut **gehe**.

Hat der Konjunktiv I und der Indikativ die gleiche Form *(ich gehe/ich gehe)*,
wird der Konjunktiv II verwendet:

Er fragte mich, ob ich mit ihm ins Kino **ginge**.

– **Konjunktiv II**: wird von der Präteritumform gebildet: *er ging* → *er ging***e**
Er wird verwendet, wenn Wünsche, Nichtwirkliches oder Unwahrschein-liches ausgedrückt werden sollen.

Wäre *ich doch Millionär!*
Wenn sie mehr Geld **hätten, könnten** *sie auf Urlaub fahren.*

64 Setze das Zustandspassiv in folgende Zeiten. Schreibe die Formen in dein Übungsheft.

BEISPIEL Präsens: Das Büro **ist geschlossen**.
Präteritum: Das Büro **war geschlossen**.
Perfekt: Das Büro **ist geschlossen gewesen**.
Plusquamperfekt: Das Büro **war geschlossen gewesen**.
Futur I: Das Büro **wird geschlossen sein**.

Die Stadt ist zerstört.   Die Wunden sind geheilt.

65 ‼ Übertrage folgende Sätze in das Zustandspassiv. Schreibe in dein Übungsheft.

BEISPIEL Die Hemden werden gewaschen. → **Die Hemden sind gewaschen.**

1. Der Rasen wurde gemäht.   →

2. Nichts wird vergeudet werden.   →

3. Der Knopf wird angenäht.   →

4. Der Boden ist gesaugt worden.   →

5. Die Geschenke wurden versteckt.   →

6. Der Hund war dressiert worden.   →

66 ! Bilde von folgenden Verben den Konjunktiv I und II.

BEISPIEL gehen → **er gehe** → **er ginge**

1. vergessen → er _____ → er _____

2. kommen   → er _____ → er _____

3. schreiben → er _____ → er _____

4. bleiben   → er _____ → er _____

67 ! Setze bei folgenden Äußerungen das Verb im Konjunktiv II ein.

BEISPIEL **Hätte** ich nur einmal im Leben Glück!

1. _____ doch endlich die Sonne! *(scheinen)*

2. Wenn ich doch nicht üben _____! *(müssen)*

3. _____ es doch keine Schule! *(geben)*

4. Wenn ich doch nicht so oft Pech _____! *(haben)*

WORTARTEN BESTIMMEN

C Das Pronomen

▸ Das **Personalpronomen** = persönliches Fürwort *(ich, du …)* und das **Possessiv-pronomen** = besitzanzeigendes Fürwort *(mein, dein …)* sind dir schon bekannt.

▸ **Reflexivpronomen** = rückbezügliches Fürwort: **sich** *schämen,* **sich** *nichts denken …*

Das Reflexivpronomen kommt nur im 3. und 4. Fall vor:

	3. Fall = Dativ	4. Fall = Akkusativ
Einzahl:	*ich denke* **mir** *nichts*	*ich schäme* **mich**
	du denkst **dir** *nichts*	*du schämst* **dich**
	er, sie, es denkt **sich** *nichts*	*er, sie, es schämt* **sich**
Mehrzahl:	*wir denken* **uns** *nichts*	*wir schämen* **uns**
	ihr denkt **euch** *nichts*	*ihr schämt* **euch**
	sie denken **sich** *nichts*	*sie schämen* **sich**

▸ **Demonstrativpronomen** = hinweisendes Fürwort:
dieser, jener, derjenige, der *(betont) …*

Das Demonstrativpronomen kommt in allen vier Fällen der Ein- und Mehrzahl vor.

dieser *Mann/* **diese** *Frau/* **dieses** *Kind*
dieses *Mannes/* **dieser** *Frau/* **dieses** *Kindes*
diesem *Mann/* **dieser** *Frau/* **diesem** *Kind*
diesen *Mann/* **diese** *Frau/* **dieses** *Kind*

diese *Männer/* **diese** *Frauen/* **diese** *Kinder*
dieser *Männer/* **dieser** *Frauen/* **dieser** *Kinder*
diesen *Männern/* **diesen** *Frauen/* **diesen** *Kindern*
diese *Männer/* **diese** *Frauen/* **diese** *Kinder*

DIESER MANN

▸ **Relativpronomen** = bezügliches Fürwort:
der, die, das; welcher, welche, welches; wer, was

Das Relativpronomen leitet einen Relativ(neben)satz ein und ist in Geschlecht und Zahl von jenem Wort abhängig, auf das sich das Pronomen bezieht. → Kapitel 9

Der Mann, **der** *stadtbekannt ist, wurde verhaftet.*
Die Männer, **die** *stadtbekannt sind, wurden verhaftet.*
Die Frau, **die** *neben uns wohnt, kennt man in der Stadt.*

68 Setze das fehlende Reflexivpronomen ein.

BEISPIEL Nimm **dir** noch eine Birne!

1. Das kannst du _____ auf keinen Fall erlauben!

2. Wir ärgerten _____ grün und blau.

3. Ich stellte _____ bei meinem neuen Mitschüler vor.

4. Habt ihr _____ das wirklich überlegt?

5. Setz _____ doch bequem hin!

6. Man kann _____ das gut vorstellen.

69 !! Bestimme die unterstrichenen Fürwörter näher und schreibe
PE = Personalpronomen, PO = Possessivpronomen, R = Reflexivpronomen,
D = Demonstrativpronomen und RE = Relativpronomen darüber.

　　　　　PE　　　　　R　　　　PO
BEISPIEL Wir ärgerten uns über seine Gleichgültigkeit.

1. Ich liebe Menschen, die immer fröhlich sind.

2. Er kann sich weder für dieses noch für jenes entscheiden.

3. Kennst du dich in der Wiener Innenstadt aus?

4. Du solltest dir mehr Sorgen um deine Fitness machen.

5. Ein Lehrer, der oft Lob austeilt, wird von uns geschätzt.

6. Er kennt diejenigen, die gestern mit ihrem Floß gekentert sind.

70 ! Das Wörtchen *das* steht für verschiedene Wortarten. Schreibe darüber:
A = Artikel, R = Relativpronomen, D = Demonstrativpronomen.

　　　　　　　　　D
BEISPIEL Viele können das nicht verstehen.

1. Das Buch, das neu erschienen ist, war schnell vergriffen.

2. Schau dir das an!

3. Der Wetterdienst meldet, das Wetter wird schlechter.

4. Wir haben das vorausgesehen.

5. Wir haben das Unglück vorausgesehen.

6. Er hob das Päckchen auf, das das Kind verloren hatte.

WORTARTEN BESTIMMEN

X | **TEST 7 – Wortarten bestimmen**

Testdauer: 10 min

1. Bestimme die Verben näher: Zeit: **G**, **M**, **V**, **VV**, **Z** und die Form des Passivs: **ZP** = Zustandspassiv, **VP** = Vorgangspassiv.

		Zeit	**Passiv**

1. Der Schaden ist behoben.

2. Die Plakate werden morgen gedruckt werden.

3. Die Tiere wurden am Morgen gefüttert.

4. Die Kühe sind schon gemolken worden.

5. Die Ziegen sind schon gemolken gewesen.

6. Der Stall wird gerade ausgemistet.

2. Setze das Verb im richtigen Konjunktiv ein.

1. „Wenn ich doch mehr gelernt _____!", bereute er nach dem Test.
haben

2. Er fragte, ob er sich das Rad ausleihen _____.
dürfen

3. _____ ich noch eine Chance, _____ ich sie nutzen.
bekommen   *werden*

4. Sie zweifelte, ob ich pünktlich _____.
heimkommen

3. Bestimme die unterstrichenen Fürwörter näher. Schreibe **PE** = Personalpronomen, **PO** = Possessivpronomen, **R** = Reflexivpronomen, **D** = Demonstrativpronomen und **RE** = Relativpronomen darüber.

1. Wer ärgert <u>sich</u> nicht über <u>seine</u> Fehler?

2. Könnt <u>ihr</u> <u>euch</u> noch an die 1. Klasse erinnern?

3. <u>Mein</u> Onkel, <u>der</u> in Kitzbühel lebt, spielt Golf.

4. <u>Das</u> habe <u>ich</u> nie behauptet!

Gesamtzahl der Lösungen: 25

Anzahl meiner richtigen Lösungen:

Ab 20 richtigen Lösungen und mehr kannst du zufrieden sein. Bei weniger als 20 solltest du dir die Seiten 70 bis 75 noch einmal anschauen.

X   KREUZE AN

1   2   3   *

 1. Ich kann den deutschen Begriffen für Wortarten auch die lateinischen zuordnen. (Übung 60, Seite 71)

 2. Ich erkenne die verschiedenen Wortarten. (Übungen 61 und 62, Seite 71)

 3. Ich kenne drei Möglichkeiten der Veränderung von Wörtern. (Übung 63, Seite 71)

 4. Ich kann das Zustandspassiv in den verschiedenen Zeiten bilden. (Übungen 64 und 65, Seite 73)

 5. Ich kann die Formen des Konjunktivs I und II bilden. (Übungen 66 und 67, Seite 73)

 6. Ich kann das Reflexivpronomen in den drei Personen bilden. (Übung 68, Seite 75)

 7. Ich kann zwischen den verschiedenen Pronomen unterscheiden. (Übung 69, Seite 75)

 8. Ich kann das Wörtchen *das* genau analysieren. (Übung 70, Seite 75)

 9. Ich kann in einer Prüfungssituation mein Wissen über die Wortarten anwenden. (Test 7, Seite 76)

* Anmerkung
1 bedeutet: perfekt – alle Aufgaben richtig
2 bedeutet: ausreichend – mehr als die Hälfte der Aufgaben richtig
3 bedeutet: nicht ausreichend – weniger als die Hälfte der Aufgaben richtig

SATZGLIEDER BESTIMMEN

A **Die verschiedenen Satzglieder – Überblick und Wiederholung**

▶ Neben dem **Subjekt** und **Prädikat** treten in den meisten Sätzen verschiedene **Ergänzungen** auf:

1 Kasusobjekte = Fallergänzungen

*Ich benenne **die Ergänzungen**.*	Akkusativobjekt, O4	Wen? Was?
*Ich helfe **dem Verunglückten**.*	Dativobjekt, O3	Wem?
*Wir gedenken **des Verstorbenen**.*	Genitivobjekt, O2	Wessen?

2 Adverbiale = Umstandsergänzungen

*Ich fliege **nach Spanien**.*	Lokaladverbiale = Ortsergänzung	Wohin?
*Ich komme **Ende August** zurück.*	Temporaladverbiale = Zeitergänzung	Wann?
*Ich fliege **mit einer Chartermaschine**.*	Modaladverbiale = Artergänzung	Womit?
*Ich fliege **zur Erholung** ans Meer.*	Kausaladverbiale = Begründungsergänzung	Wozu?

3 Präpositionalobjekte = Vorwortergänzungen

*Ich bedanke mich **für** **die Hilfe**.*	Zwischen Verb und Objekt steht eine Präposition.	Wofür?
*Ich setze mich **für** **den Freund** ein.*		Für wen?

▶ Attribute = Beifügungen sind keine eigenen Satzglieder, sondern nur Teile eines Satzgliedes.

In Spittal (an der Drau) finden Sommerfestspiele statt.

an der Drau erweitert das Satzglied, in diesem Fall die Ortsergänzung.
Die Beifügung wird beim Umstellen der Satzglieder mitverschoben.

Achtung: Beifügungen können leicht mit Umstandergänzungen verwechselt werden.

In Spittal erholen sich viele Menschen **an der Drau**.	*an der Drau* = Ortsergänzung
In Spittal an der Drau gibt es ein Landeskrankenhaus.	*an der Drau* = Beifügung

71 Bestimme in den folgenden Sätzen die Ergänzungen näher und schreibe darüber: O3, O4; VE = Vorwortergänzung; OE = Ortsergänzung, ZE = Zeitergänzung, AE = Artergänzung, BE = Begründungsergänzung.

                      BE   OE
BEISPIEL Er muss wegen einer Verkühlung im Bett bleiben.

1. Der Spengler erledigte die Reparatur mit großer Sorgfalt.

2. Nach einem Streit sollten sich beide die Hände reichen.

3. Wir danken den Eltern für ein schönes Zuhause.

4. Aus Angst weicht er Hunden im großen Bogen aus.

5. Er hängte seine Jacke immer auf einen Kleiderständer.

6. Wegen Urlaubs bleibt der Betrieb im August geschlossen.

72 Setze bei folgenden Vorwortergänzungen die Präposition und den Artikel ein.

BEISPIEL Er setzte sich **für den** Freund ein.

1. Er freute sich _____ großzügige Geschenk.

2. Er fürchtet sich _____ Wiederholungsprüfung.

3. Sie denkt gerne _____ letzten Ferien.

4. Im Finale wurde hart _____ Sieg gekämpft.

5. Viele Menschen spenden _____ Opfer des Hochwassers.

6. Im kleinen Ort ist man _____ täglichen Versorgung unzufrieden.

73 Entscheide, ob es sich bei der unterstrichenen Wortgruppe um eine Umstandsergänzung oder um eine Beifügung handelt.

BEISPIEL Im Hochsommer sind alle Hotels ausgebucht.   (**Zeitergänzung**)
           Ein Urlaub im Hochsommer ist nicht immer erholsam. (**Beifügung**)

1. Auch Lehrer müssen manchmal den Mut zur Lücke haben. (_____)

2. Er reist zur Erholung an einen ruhigen See.   (_____)

3. Der Räuber entfernte sich mit großen Schritten vom Tatort.(_____)

4. Für ein Auto mit Schiebedach zahlt man einen Aufpreis. (_____)

SATZGLIEDER BESTIMMEN

B Formen des Prädikats

▶ Das Prädikat = Satzaussage ist der **Kern** eines Satzes. Das Verb des Prädikates bestimmt weitgehend die **Gesamtbedeutung** und den inneren **Bau** eines Satzes.

▶ Die Satzaussage kann als **einteiliges** oder **mehrteiliges** Prädikat auftreten:

1 Personalform des Verbs

*Ich **fliege** in die Türkei.*   *Ich **flog** in die Türkei.*

2 Personalform eines Hilfsverbs + Partizip II oder Infinitiv

*Ich **bin** in die Türkei **geflogen**.*   *Ich **werde** in die Türkei **fliegen**.*

Satzklammer   Satzklammer

3 Personalform eines Verbs + Verbzusatz bei trennbaren Verbzusammensetzungen

*Ich **fliege** am Wochenende nach Österreich **zurück**.*

4 Personalform eines Modalverbs + Infinitiv eines Verbs

*Du **kannst** mit meiner Hilfe **rechnen**.*

▶ Das Verb des Prädikates bestimmt die **Mindestanzahl** der Satzglieder.

*Das Rind **brüllt**.*   nur ein weiteres Satzglied notwendig
*Oma **macht** eine Weltreise.*   zwei weitere Satzglieder notwendig
*Vater **lehnt** eine Leiter an die Hauswand.* drei weitere Satzglieder notwendig

Fachleute sprechen von der **Valenz** = Wertigkeit eines Verbs.

74 Übermale im folgenden Text die Prädikate rot.

BEISPIEL   Die Neuregelung der deutschen Rechtschreibung <mark>wurde</mark> im Jahre 1996 <mark>vereinbart</mark>.

Die Reform hat in vielen Bereichen zu Veränderungen geführt.

Unter anderem trifft das auch auf die Schreibung der Fremdwörter zu.

So gibt es heute mehr eingedeutschte Schreibvarianten als früher.

Ebenso sind bei manchen Fremdwörtern Doppelschreibungen erlaubt.

Man kann zum Beispiel Spaghetti oder Spagetti schreiben.

Auch bei der Trennung am Wortende sind vereinfachende Regeln maßgebend.

So muss man Päd-ago-ge nicht mehr nach Sprachsilben trennen, sondern kann

das Wort auch nach Sprechsilben teilen: Pä-da-go-ge.

75 Unterstreiche die Prädikate und kreuze an, welche Variante vorliegt (1 bis 4, siehe linke Seite!).

BEISPIEL   Alle Kinder unserer Klasse <u>können</u> schon gut <u>schwimmen</u>.   4

1. Die Neuerscheinung war im Nu vergriffen.

2. Alle Leseratten wollen sofort die Erstausgabe haben.

3. Mancher stellt sich vor einer Buchhandlung schon ab Mitternacht an.

4. Ich persönlich muss eine Neuerscheinung aber nicht gleich lesen.

5. Ich werde das Buch vielleicht etwas später erwerben.

6. Dazwischen lese ich eben ein anderes Buch.

76 Ergänze die Sätze. Unterstreiche die Ergänzungen, die notwendig sind. Schreibe in dein Übungsheft.

BEISPIEL   Das Auto durchbricht <u>das Geländer</u>.

1. Die Summe beträgt …

2. Der Film dauert …

3. Der Detektiv löst …

4. Anna freut sich …

5. Ich kümmere mich …

6. Die Milch kocht …

7. Die Lehrerin gibt …

8. Der Verunglückte stöhnt …

SATZGLIEDER BESTIMMEN

C Die Prädikative

▸ Unter Prädikative versteht man Satzglieder, die sehr **eng mit dem Prädikat** = Satzaussage **verbunden** sind. Sie beziehen sich entweder auf das Subjekt oder auf das Akkusativobjekt.

Diese Prädikative treten in folgenden Varianten (nicht vollständig) auf:

1 prädikativer Nominativ = Gleichsetzungsnominativ

Ein weiteres Satzglied wird dem Subjekt gleichgesetzt:

Subjekt   Gleichsetzungsnominativ

Der Hund ist *für viele Briefträger* ***ein gefährliches Tier.***

Gleichsetzungsnominative kommen nur bei folgenden Verben vor:
sein, werden, bleiben, scheinen, heißen.

2 prädikativer Akkusativ = Gleichsetzungsakkusativ

Ein weiteres Satzglied wird dem Akkusativobjekt gleichgesetzt:

Akkusativobjekt   Gleichsetzungsakkusativ

Sie taufen **das jüngste Mädchen** *nach langen Überlegungen* **Eva-Maria**.

Gleichsetzungsakkusative kommen nur bei folgenden Verben vor:
nennen, heißen, taufen, finden, schimpfen, schmähen.

▸ In manchen Fällen wird der Gleichsetzungsakkusativ auch mit *als* oder *wie* eingeleitet.

Sie begrüßten **den Botschafter als Ehrengast**.
Sie verwöhnten **ihn wie einen König**.

77 Unterstreiche in folgenden Sätzen das Subjekt und den Gleichsetzungsnominativ.

BEISPIEL <u>Unsere Mannschaft</u> schien schon <u>der sichere Sieger</u> zu sein.

1. Das Mädchen heißt mit dem zweiten Vornamen Adele.

2. Die letzte Automobilschau war ein voller Erfolg.

3. Mein bester Freund will Automechaniker werden.

4. Mein Sitznachbar war auch heuer Sieger des Redewettbewerbes.

5. Warum heißt der Mai auch noch Wonnemonat?

6. Ein Richter soll ein gerechter Mensch sein.

78 Unterstreiche in folgenden Sätzen das Akkusativobjekt und den Gleichsetzungsakkusativ.

BEISPIEL Der Spieler schimpfte <u>den Schiedsrichter</u> nach Spielende <u>eine Niete</u>.

1. Der Vater nennt seinen Sohn des Öfteren einen Versager.

2. Die Familie empfand das Wochenende trotz des Schlechtwetters als eine Wohltat.

3. Sie schimpfte ihn einen krummen Hund.

4. Er beschimpft den unsicheren Autofahrer als einen Anfänger.

5. Sie tauft ihr erstes Mädchen Marie-Luise.

6. Die Zeitungen nannten den Schlagerstar einen Schnulzensänger.

79 Bestimme, ob in den folgenden Sätzen ein GN = Gleichsetzungsnominativ
oder ein GA = Gleichsetzungsakkusativ vorliegt. Kreuze an.

	GN	GA
BEISPIEL <u>Helfen</u> ist unsere <u>Pflicht</u>.	X	

1. <u>Unsere Lehrerin</u> ist in ihrem Fach <u>eine kompetente Person</u>.

2. <u>Seine Hobbys</u> sind <u>Tauchen und Rudern</u>.

3. Die Polizei hält <u>den Verdächtigen</u> <u>für einen Einbrecher</u>.

4. Man soll nicht vorschnell <u>jemanden</u> <u>einen Lügner</u> nennen.

5. <u>Das Glück</u> ist <u>ein Nehmer und Geber</u>.

6. <u>Den Gewinner</u> nannten alle <u>einen Glückspilz</u>.

SATZGLIEDER BESTIMMEN

X **TEST 8 – Satzglieder bestimmen**

Testdauer: 10 min

Übermale die Subjekte blau und die Prädikate rot.
Bestimme dann die unterstrichenen Satzglieder und schreibe in Kurzform darüber:
O2, **O3**, **O4**; **OE** = Ortsergänzung, **ZE** = Zeitergänzung, **AE** = Artergänzung,
BE = Begründungsergänzung; **VE** = Vorwortergänzung; **GN** = Gleichsetzungs-
nominativ, **GA** = Gleichsetzungsakkusativ. Kontrolliere mit dem Lösungsheft und
setze für jede richtige Lösung ein Häkchen.

✔ ✔ ✔ ✔   O3   O4
Beispiel Der Gastgeber reichte dem Gast die Hand.

1. Wegen der Trockenheit müssen die Gärten täglich gegossen werden.

2. Die Menschen warten mit Sehnsucht auf ein Ende der Hitzeperiode.

3. In manchen Gegenden werden am Nachmittag heftige Gewitter erwartet.

4. Jeder würde sich sehnsüchtig auf eine kleine Abkühlung freuen.

5. Dellach im Drautal ist viele Jahre der Hitzepol Österreichs gewesen.

6. Meteorologen nennen einen extremen Sommer Jahrhundertsommer.

7. Die Stadtbewohner flüchten vor der Hitze auf das Land.

8. Ohne Klimaanlage ist das Wohnen in der Stadt eine körperliche Belastung.

9. Der Rettungsdienst verzeichnet an solchen Tagen zahlreiche Einsätze.

10. Kinder verbringen die Hitzetage in den Freibädern.

11. Trotz der Hitze fürchten viele das Ende der Hitzewelle.

12. Das Ende ist immer wieder mit schweren Unwettern verbunden.

Gesamtzahl der Lösungen: 48

Anzahl meiner richtigen Lösungen:

**Ab 38 richtigen Lösungen und mehr kannst du zufrieden sein. Bei weniger
als 38 solltest du dir die Seiten 78 bis 83 noch einmal anschauen.**

KREUZE AN

1   2   3   *

1. Ich kann Umstandsergänzungen genauer bestimmen. (Übung 71, Seite 79)

2. Ich erkenne Vorwortergänzungen und kann das richtige Vorwort ergänzen. (Übung 72, Seite 79)

3. Ich kann zwischen Umstandsergänzung und Beifügung unterscheiden. (Übung 73, Seite 79)

4. Ich erkenne die verschiedenen Formen des Prädikates. (Übungen 74 und 75, Seite 81)

5. Ich erkenne, wie viele Satzglieder ein Prädikat braucht. (Übung 76, Seite 81)

6. Ich erkenne Gleichsetzungsnominative und -akkusative. (Übungen 77 bis 79, Seite 83)

7. Ich kann in einer Prüfungssituation mein Wissen über die Satzglieder anwenden. (Test 8, Seite 84)

* Anmerkung
1 bedeutet: perfekt – alle Aufgaben richtig
2 bedeutet: ausreichend – mehr als die Hälfte der Aufgaben richtig
3 bedeutet: nicht ausreichend – weniger als die Hälfte der Aufgaben richtig

SÄTZE BESTIMMEN

SÄTZE BESTIMMEN

A Der einfache und zusammengesetzte Satz – Überblick und Wiederholung

▶ Der **einfache Satz** beruht auf einem einzigen Prädikat, von dem die übrigen Satzglieder abhängen. Der einfache Satz tritt – je nach Betonung und Absicht – in verschiedenen Arten auf. Das Prädikat steht an unterschiedlicher Stelle oder es fehlt.

*Der Hahn **kräht** früh am Morgen.*	Eine Aussage wird getroffen = Aussagesatz.
***Kennst** du die Satzarten?*	Eine Frage wird gestellt = Fragesatz.
***Seid** endlich einmal still!*	Jemand wird aufgefordert = Aufforderungssatz.
*Wenn ich reich **wäre**!*	Ein Wunsch wird geäußert = Wunschsatz.
Oh, wie lecker!	Ein Ausruf wird getätigt = Ausrufesatz.

▶ Der **zusammengesetzte Satz** besteht aus mehreren Teilsätzen, wobei es verschiedene Varianten gibt:

1 Die **Hauptsatzreihe** besteht aus Hauptsätzen.

Jeder einzelne Hauptsatz verfügt über ein Subjekt und ein Prädikat.

>   HS   HS   HS
> *Die Vorräte sind knapp, das Trinkwasser geht zu Ende(,) und keine Hilfe ist in Sicht.*

2 Das **Satzgefüge** besteht aus einem Hauptsatz und mindestens einem Gliedsatz = Nebensatz.

>   GS   HS
> *Weil es regnete, blieben wir im Haus.*

2 Beim **zusammengezogenen Satz** haben mehrere Teilsätze ein gemeinsames Subjekt.

> *Thomas lernt leicht, betreibt viel Sport und ist ein netter Kumpel.*

80 Setze die Satzschlusszeichen und benenne die Satzart.

BEISPIEL Was gibt es heute im Fernsehen? → Fragesatz

1. Hätte ich doch nicht immer Pech → _____

2. Wie viel kostet ein Liter Milch → _____

3. So ein Pech → _____

4. Kannst du Gitarre spielen → _____

5. In den Tropen ist es heiß und feucht → _____

6. Schneide doch nicht so auf → _____

81 Verbinde die einzelnen Sätze zu einer Hauptsatzreihe. Schreibe in dein Übungsheft. Verknüpfe den zweiten beziehungsweise letzten Teilsatz mit einem geeigneten Bindewort.

BEISPIEL Es regnete in Strömen. Meine Mutter kam zu spät ins Büro.
Es regnete in Strömen, **daher** kam meine Mutter zu spät ins Büro.

1. Wir steigen ins Auto. Papa will den Motor starten. Der Motor streikt.
2. Die Fledermaus frisst Insekten. Man muss sie schützen.
3. Römer und Germanen waren Nachbarn. Sie lebten nicht immer in Frieden.
4. In einer Stadt ist es am Sonntag still. Büros und Geschäfte haben geschlossen.
5. Der Spieler legt den Ball auf. Der Schiedsrichter pfeift. Der Schütze läuft an.
6. Der Wetterdienst warnte vor akuter Lawinengefahr. Einige fuhren abseits der Piste.

82 Entscheide, um welche Satzverbindungen es sich handelt:
SR = Satzreihe, SG = Satzgefüge, ZS = zusammengezogener Satz.

BEISPIEL Er legte das Buch weg, drehte das Licht ab und schlief ein. ZS

1. Maulwürfe soll man schützen, weil sie Schädlinge fressen.

2. Maulwürfe fressen Schädlinge, daher soll man sie schützen.

3. Maulwürfe leben unter der Erde und fressen Schädlinge.

4. Weil Maulwürfe Erdhügel aufwerfen, ärgern sich manche Rasenfreaks.

5. Sie stellen Fallen auf oder vertreiben die Tiere mit Rauchbomben.

6. Maulwürfe fressen nicht nur Schädlinge, sondern lockern auch den Boden.

SÄTZE BESTIMMEN

B Adverbialsätze

▶ Gliedsätze hängen vom Hauptsatz ab und können nicht alleine stehen. Grundsätzlich kann jedes Satzglied in einen Gliedsatz umgeformt werden. Entsprechend den vier Umstandsergänzungen gibt es vier verschiedene Adverbialsätze:

1 Der **Lokalsatz** steht für ein lokales Adverbiale = Ortsergänzung.

An der Mündung des Inn in die Donau liegt Passau. →

        Lokalsatz   HS
Wo der Inn in die Donau mündet, liegt Passau.

2 Der **Temporalsatz** steht für ein temporales Adverbiale = Zeitergänzung.

In den Ferien verreisen viele Menschen. →

        Temporalsatz   HS
Sobald die Ferien beginnen, verreisen viele Menschen.

3 Der **Modalsatz** steht für ein modales Adverbiale = Artergänzung.

Mit Streusalz macht man Verkehrsflächen eisfrei. →

        Modalsatz   HS
Indem man Salz streut, macht man Verkehrsflächen eisfrei.

4 Der **Kausalsatz** steht für ein kausales Adverbiale = Begründungsergänzung.

Aus Angst verriegelt er alle Türen und Fenster. →

     Kausalsatz   HS
Weil er Angst hat, verriegelt er alle Türen und Fenster.

▶ Die Stellung des Gliedsatzes kann sein:

– nachgestellt: *Er verriegelt alle Türen und Fenster, **weil er Angst hat**.*
– vorangestellt: ***Weil er Angst hat**, verriegelt er alle Türen und Fenster.*
– eingeschoben: *Er verriegelt, **weil er Angst hat**, alle Türen und Fenster.*

▶ Gliedsätze werden durch unterordnende Bindewörter eingeleitet, das Prädikat steht am Ende des Gliedsatzes.

Sobald es schneit, hole ich meine Schi aus dem Keller.

83 Unterstreiche in den folgenden Sätzen immer den Gliedsatz. Übermale das einleitende Bindewort.

BEISPIEL Er verhielt sich so, <u>als ob</u> er ein König wäre.

1. Wo man singt, da lass dich ruhig nieder, denn böse Menschen kennen keine Lieder.

2. Er sagte die Unwahrheit, ohne dass er mit den Wimpern zuckte.

3. Ich begleite dich, wohin du auch gehst.

4. Da es schon lange nicht geregnet hat, vertrocknet die Ernte auf den Feldern.

5. Er grüßte höflich, indem er sich verbeugte.

6. Während es donnerte und blitzte, suchten wir in einer Hütte Schutz.

7. Der Zug fuhr verspätet ein, weil die E-Lok einen Schaden hatte.

8. Er wurde müde, nachdem er zu viel gegessen und getrunken hatte.

84 ! Die Gliedsätze aus Übung 83 werden durch unterordnende Bindewörter eingeleitet. Trage die Bindewörter in die Tabelle ein.

Lokalsatz	Temporalsatz	Modalsatz	Kausalsatz
wo			

85 ‼ Forme die Umstandsergänzungen in Gliedsätze um. Schreibe in dein Übungsheft.

BEISPIEL Durch Unachtsamkeit kam er von der Fahrbahn ab. →
        Weil er unachtsam war, kam er von der Fahrbahn ab.

1. Am Schnittpunkt von Verkehrswegen entstanden große Städte.

2. Seit der Erfindung des Autos nimmt der Verkehr jährlich zu.

3. Durch Verkehrsgesetze regelt man den Straßenverkehr.

4. Beim Aufleuchten eines Lämpchens bleiben behutsame Fahrer stehen.

5. Aus Angst vor einem Motorschaden stellen kluge Fahrer den Motor ab.

6. Auf kurvigen Straßen ereignen sich häufig Unfälle.

SÄTZE BESTIMMEN

C Attributsätze

▶ Du weißt schon: **Attribute** = Beifügungen sind **keine eigenen Satzglieder**, sondern nur Teile eines Satzgliedes. Sie können in folgenden Formen auftreten.

1 als Adjektiv = Eigenschaftswort: *Er macht ein großzügiges Geschenk.*

2 als Partizip = Mittelwort: *Er war der lachende Dritte.*
      Der gestürzte Präsident flüchtete ins Ausland.

3 als Genitiv = 2. Fall: *Das Auto des Nachbarn wurde beschädigt.*

4 als Vorwortgruppe = Präpositionalgefüge: *Ein Mann mit Krawatte wirkt immer vornehm.*

▶ Attribute können zu **Attributsätzen** erweitert werden.

Er macht ein großzügiges Geschenk. → Er macht ein Geschenk, das großzügig ist.

Das Auto des Nachbarn wurde beschädigt. → Das Auto, das dem Nachbarn gehört, wurde beschädigt.

Ein Mann mit Krawatte wirkt immer vornehm. → Ein Mann, der eine Krawatte trägt, wirkt immer vornehm.

▶ **Viele – aber nicht alle –** Attributsätze werden durch ein **Relativpronomen** eingeleitet (→ siehe 6. Kapitel, C).
Diese Gliedsätze nennt man **Relativsätze**. Das Relativpronomen muss in Geschlecht und Zahl mit dem Wort übereinstimmen, auf das es sich bezieht.

Der Freund, *der in meine Klasse geht*, spielt Golf.

Das Mädchen, *das in meine Klasse geht*, spielt Tennis.

Die Lehrerin, *die bei uns Deutsch unterrichtet*, ist bei allen beliebt.

Einige Freunde, *die in meine Klasse gehen*, spielen Golf.

▶ Das Relativpronomen kann in allen **vier Fällen** vorkommen.

Der Freund, der in meine Klasse geht, spielt Golf. – 1. Fall

Der Freund, dessen Eltern auch Golf spielen, trainiert täglich. – 2. Fall

Der Freund, dem beim letzten Turnier ein Sieg gelang, wurde umjubelt. – 3. Fall

Der Freund, den alle gern haben, ist sehr bescheiden. – 4. Fall

86 Unterstreiche die Attributsätze (in diesem Fall Relativsätze) und setze die Beistriche.

BEISPIEL   Der Mann, den man gerettet hat, stammt aus Italien.

1. Der Bach der oft Hochwasser führt wird reguliert.

2. Er sang den ganzen Tag ein Lied das ihm nicht aus dem Ohr ging.

3. Die Frau die man aus dem Wasser zog wurde wiederbelebt.

4. Menschen die ständig alles kritisieren sind meist unbeliebt.

5. Viele können den Verkehrslärm der ihre Ruhe stört nicht ertragen.

6. Kennst du Pilze die essbar sind?

87 ! Setze das Relativpronomen im richtigen Fall ein.

BEISPIEL   Jeder Schüler, **der** positive Noten hat, darf in die nächste Klasse aufsteigen.

1. Ein Schüler, _____ Noten negativ sind, muss eine Wiederholungsprüfung ablegen.

2. Einem Schüler, _____ alles misslingt, soll man den Rücken stärken.

3. Es gibt Schüler, _____ man gute Ratschläge geben sollte.

4. Schüler, _____ Eltern viel Zeit haben, können sich glücklich schätzen.

5. Ein Schüler, _____ alle gut leiden können, wird von allen eingeladen.

6. Schüler, _____ immer gute Leistungen bringen, sind bei Lehrenden meist beliebt.

88 !! Forme das Attribut in einen Attributsatz (in diesem Fall Relativsatz) um. Schreibe in dein Übungsheft.

BEISPIEL   Im Museum sind Fundstücke aus der Steinzeit ausgestellt. →
           Im Museum sind Fundstücke ausgestellt, die aus der Steinzeit stammen.

1. Die Blumen aus Holland sind heuer später als sonst eingetroffen.
2. Das aus der Werbung bekannte Unternehmen exportiert in viele Länder der Welt.
3. Falsch geparkte Fahrzeuge werden abgeschleppt.
4. Das Auto des Räubers wurde im Wald entdeckt.
5. Der total überfüllte Autobus wurde von der Polizei gestoppt.
6. Getränke mit hohem Zuckergehalt sollte man meiden.

SÄTZE BESTIMMEN

D Satzwertige Infinitivgruppen

▶ Der Begriff *Infinitivgruppe* ist dir vom 6. Kapitel, A und B, bekannt.
Dort hast du etwas über die Beistrichsetzung bei Infinitivgruppen gelernt.

▶ Satzwertige **Infinitivgruppen** können in **Gliedsätze** umgeformt werden. Ebenso
lassen sich Gliedsätze in Infinitivgruppen umformen.

Infinitivgruppe
Die Katze ist überzeugt, *das Eichhörnchen zu erwischen*.

Gliedsatz
Die Katze ist überzeugt, *dass sie das Eichhörnchen erwischt*.

▶ Satzwertige Infinitivgruppen, die einen Gliedsatz ersetzen, haben **kein Subjekt**
und **kein einleitendes Bindewort**. Sie sind also **kürzer** als die entsprechenden
Gliedsätze.

▶ Hängt in einem Satzgefüge von einem Gliedsatz ein zweiter Gliedsatz ab, ist es
stilistisch besser, einen Gliedsatz durch eine Infinitivgruppe zu ersetzen.

Ich hoffe, dass ich dich überzeugen kann, dass du mit uns kommst.

Ich hoffe, dass ich dich überzeugen kann, mit uns zu kommen.

oder

Ich hoffe, dich überzeugen zu können, dass du mit uns kommst.

89 **!** Unterstreiche die Gliedsätze. Verkürze sie zu einer satzwertigen Infinitivgruppe. Schreibe in dein Übungsheft.

BEISPIEL Er betrat den Raum, <u>ohne dass er ein Wort sagte</u>. →
Er betrat den Raum, ohne ein Wort zu sagen.

1. Viele Leute fahren in den Urlaub, damit sie sich erholen.
2. Er ist fest davon überzeugt, dass er die Prüfung schafft.
3. Der Retter sprang ins Wasser, ohne dass er an sein eigenes Leben dachte.
4. Ihr war bewusst, dass sie falsch gehandelt hatte.
5. Der Zeuge sagte aus, dass er den genauen Unfallhergang nicht gesehen habe.
6. Manche Menschen handeln sofort, statt dass sie lange überlegen.

90 **!** Unterstreiche die satzwertigen Infinitivgruppen. Ersetze sie durch Gliedsätze. Schreibe in dein Übungsheft.

BEISPIEL Er betrat das fremde Haus, <u>ohne anzuläuten</u>. →
Er betrat das fremde Haus, ohne dass er anläutete.

1. Die Befragten gaben an, nichts gesehen zu haben.
2. Der junge Mann entschließt sich, eine eigene Firma zu gründen.
3. Er erledigte die schwere Arbeit, ohne zu murren.
4. Wir essen und trinken, um leben zu können.
5. Aber wir leben nicht, um essen und trinken zu können.
6. Die Leute bevorzugen Einkaufszentren, statt in den lokalen Geschäften zu kaufen.

91 **!!** Ersetze den zweiten Gliedsatz durch eine satzwertige Infinitivgruppe. Schreibe in dein Übungsheft.

BEISPIEL Der Apotheker sagt, dass es notwendig ist, <u>dass man die Pillen mit Wasser einnimmt</u>. →
Der Apotheker sagt, dass es notwendig ist, die Pillen mit Wasser einzunehmen.

1. Der Klavierlehrer erinnert mich oft, dass es notwendig ist, dass ich täglich übe.
2. Es ist unglaublich, dass reiche Menschen denken, dass sie mit Geld alles kaufen können.
3. Der Arzt zweifelt, dass er den Patienten überzeugen kann, dass er mit dem Trinken aufhört.
4. Ich bin sicher, dass es mir gelingen wird, dass ich locker in die nächste Klasse aufsteige.

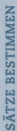

SÄTZE BESTIMMEN

 X

TEST 9 – Sätze bestimmen

Testdauer: 10 min

1. Unterstreiche die Hauptsätze rot und die Gliedsätze = Nebensätze blau.
Kontrolliere mit dem Lösungsheft und setze für jede richtige Lösung ein Häkchen.

1. Wenn schlechtes Wetter herrscht, soll man keine Bergtouren unternehmen.

2. Römer und Gallier waren Nachbarn, aber sie lebten nicht immer in Frieden.

3. Als der Olympiasieger im Heimatort ankam, begrüßte man ihn herzlich.

4. Es gab Lawinenwarnstufe 3, trotzdem fuhren einige abseits der sicheren Pisten.

5. Fledermäuse leben in Dachböden und werden in der Nacht aktiv.

6. Man macht die Straßen schnee- und eisfrei, indem man Salz streut.

7. Es wird still im Saal, der Vorhang hebt sich, und der Dirigent ergreift den Taktstock.

8. Der Zug kam verspätet an, weil Diebe eine Kupferleitung abmontiert hatten.

2. Bestimme die unterstrichenen Teilsätze. Kreuze an: Adverbialsatz (AD), Attributsatz (AT), satzwertige Infinitivgruppe (SI).

AD AT SI

1. <u>Wo der Inn in die Donau fließt</u>, liegt Passau.

2. Krems, <u>das an der Donau liegt</u>, ist eine mittelalterliche Stadt.

3. <u>Ohne zu zögern</u>, rettete eine mutige Frau das Kind aus den Fluten.

4. Es gibt Menschen, <u>die immer alles besser wissen</u>.

5. Ich hoffe, dass ich dich überzeugen kann, <u>beim Turnier mitzuspielen</u>.

6. Er gewinnt viele Turniere, <u>ohne dass er überheblich wird</u>.

Gesamtzahl der Lösungen: 22

Anzahl meiner richtigen Lösungen:

Ab 18 richtigen Lösungen und mehr kannst du zufrieden sein. Bei weniger als 18 solltest du dir die Seiten 86 bis 93 noch einmal anschauen.

X KREUZE AN

1   2   3   *

1. Ich kann die Satzarten bestimmen. (Übung 80, Seite 87)

2. Ich kann mehrere Hauptsätze zu einer Hauptsatzreihe verbinden. (Übung 81, Seite 87)

3. Ich kann zwischen einer Hauptsatzreihe und einem Satzgefüge unterscheiden. (Übung 82, Seite 87)

4. Ich kann Adverbialsätze und einleitende Bindewörter erkennen. (Übungen 83 und 84, Seite 89)

5. Ich kann Umstandsergänzungen in Adverbialsätze umformen. (Übung 85, Seite 89)

6. Ich kann Attributsätze erkennen. (Übung 86, Seite 91)

7. Ich kann bei Attributsätzen das Relativpronomen im richtigen Fall verwenden. (Übung 87, Seite 91)

8. Ich kann Attribute in Attributsätze umformen. (Übung 88, Seite 91)

9. Ich kann Gliedsätze in satzwertige Infinitivgruppen umformen. (Übungen 89 bis 91, Seite 93)

10. Ich kann mein Wissen über die Satzkonstruktionen in einer Prüfungssituation anwenden. (Test 9, Seite 94)

* Anmerkung
1 bedeutet: perfekt – alle Aufgaben richtig
2 bedeutet: ausreichend – mehr als die Hälfte der Aufgaben richtig
3 bedeutet: nicht ausreichend – weniger als die Hälfte der Aufgaben richtig

EINFÜHRUNG IN DIE TEXTGRAMMATIK

A Merkmale eines Textes

▶ Die **Textgrammatik** geht über die Regeln der Wort- und Satzgrammatik hinaus. Sie untersucht, wie aus Sätzen ein sinnvoller Text entsteht.

▶ Einige Textmerkmale sind:

1 Ein Text ergibt einen **Sinn**. Zwischen den Wörtern und Sätzen muss ein **Sinnzusammenhang** bestehen.

2 Ein Text behandelt ein **Thema**. Neben einem **Hauptthema** kann es auch **Nebenthemen** geben.

Das Textthema kann man auch als Inhaltskern bezeichnen. Oft wird das Textthema in einer Überschrift zusammengefasst.

3 Ein Text ist **gegliedert**. Viele Texte haben eine **Dreigliederung**:

Anfang – Hauptteil – Ende

Einleitung – Hauptteil – Schluss

Anrede – Text – Unterschrift

Die Gliederung hängt von der Textsorte und vom Umfang eines Textes ab. Kurze Texte sind grundsätzlich weniger gegliedert als lange.

4 Ein Text hat einen **logischen Aufbau**. Die Reihenfolge der Informationen muss sinnvoll sein, da sonst Probleme beim Verstehen des Textes entstehen.

EINFÜHRUNG IN DIE TEXTGRAMMATIK

92 Forme den Text um, sodass er einen Sinn ergibt. Finde dann eine Überschrift, die das Thema am besten trifft. Schreibe den Text in dein Übungsheft.

BEISPIEL   Den letzten Winter verlor …

Den letzten Fäustling verlor ich meinen Winter. *Meinen letzten Fäustling verlor ich im Winter.*
Da ging ich jeden Tag finden, bevor ich ihn suchte. *Bevor ich ihn gesucht habe, bin ich hier immer gegangen.*
Eines Tages hatte ich Schnee. *Ich hatte eines Tages Schnee*
Der Fäustling lag im Glück hinter dem Haus. *Der Fäustling*
Im Glück lag der Fäustling hinter dem Haus.

93 Welche Sätze eignen sich für einen Anfang, welche für ein Ende des Textes? Kreuze an.

Anfang Ende

1. Und wenn sie nicht gestorben sind, dann leben sie noch heute.   **X**

2. So etwas möchte ich nicht mehr erleben.   ✗ ✗

3. Es war einmal eine Prinzessin, die …   ✗

4. Zuletzt faltet man die Ecken nach unten, sodass ein Becher entsteht.   ✗

5. Seit dieser Zeit herrscht Frieden im Land.   ✗

6. Es lebte einst ein Zauberer, der hieß Korinthe.   ✗

7. Im letzten Sommer war ich mit den Pfadfindern in einem Ferienlager.   ✗

8. Es ist noch früh, aber die Sonne scheint bereits kräftig auf die Terrasse. ✗

94 Ordne die Sätze zu einem Text. Nummeriere die Sätze von 1 bis 6.

2 Bei der Themenwahl musst du auch bedenken, dass du genug wertvolles Material finden kannst.

6 Wenn du ein Thema wählen darfst, dann suche dir eines aus, das dich und wahrscheinlich auch deine Zuhörer interessiert.

1 Für die ersten Referate darfst du dir meist selbst das Thema aussuchen.

5 Eine wahre Fundgrube ist aber auch das Internet.

3 Zeitschriften oder Sachbücher können dir wichtige Informationen liefern.

4 In jedem Suchprogramm findest du zu jedem Stichwort viele Informationen.

EINFÜHRUNG IN DIE TEXTGRAMMATIK

B Funktionen und Formen von Texten

▸ Texte haben unterschiedliche Aufgaben/Funktionen und Formen:

1 Informieren

Der Verfasser/Die Verfasserin möchte Wissen über Personen oder Sachverhalte weitergeben.

Beispiel: Reisebericht

2 Appellieren

Der Verfasser/Die Verfasserin möchte den Leser/die Leserin dazu bewegen, eine bestimmte Handlung zu vollziehen oder eine Haltung einzunehmen.

Beispiel: Bittbrief

3 Unterhalten

Der Verfasser/Die Verfasserin möchten dem Leser/der Leserin Vergnügen bereiten.

Beispiel: Anekdote

4 Kontakte aufnehmen

Der Verfasser/Die Verfasserin möchte einen persönlichen Kontakt herstellen oder erhalten.

Beispiel: Anzeige

5 Notieren

Der Verfasser/Die Verfasserin möchte für sich selbst wichtige Daten festhalten.

Beispiel: Einkaufszettel

▸ Die verschiedenen Textformen sind mehr oder weniger an Normen/Regeln gebunden.

Notizen, SMS oder private Mails sind nicht an Normen gebunden. Geschäftsbriefe, Lebenslauf oder Gesuche sind an gewisse Normen gebunden: Form, grammatische und orthografische Richtigkeit, Höflichkeitsformeln ...

95 Welche Aufgaben übernehmen folgende Texte? I = informieren,
A = appellieren, U = unterhalten, K = Kontakt aufnehmen, N = notieren

BEISPIEL Tierbeschreibung _I_

1. Kriminalgeschichte _U_
2. Suchanzeige _N_
3. Leserbrief _A_
4. Zeitungsbericht _I_
5. Werbeanzeige _U_
6. Privatbrief _N_

7. Aufgabenheft _N_
8. Abenteuergeschichte _U_
9. Gegenstandsbeschreibung _A_
10. SMS _K_
11. Pistenregeln _I_
12. Tagebuch _N_

96 Welche Textform eignet sich für folgende Situationen? Verbinde.

Du willst

– jemandem zum Geburtstag gratulieren

– wichtige Ereignisse in deinem Leben festhalten

– die Großeltern von deinem Urlaubsort grüßen

– bei einer Firma reklamieren

– eine Sachertorte backen

– einen Schlauchwagen zusammenbauen

– bei einem politischen Thema mitreden

– kurze Notizen machen

Beschwerdebrief

Ansichtskarte

Glückwunschbillet

Tagebuch

Leserbrief

Schwindelzettel

Kochrezept

Gebrauchsanleitung

97 Welche Anredeformeln und Schlussformeln eignen sich für einen
persönlichen Brief und welche für einen Geschäftsbrief?
Schreibe **P** oder **G** in die Kreise.

_G_ Werte Firmenleitung!

_P_ Lieber Julian!

_P_ Hallo Omi!

_G_ Sehr geehrte Damen und Herren!

_P_ Liebe Grüße von …

_G_ Hochachtungsvoll …

_G_ Mit freundlichen Grüßen …

_P_ Tschüss, bis zum nächsten Mal …

EINFÜHRUNG IN DIE TEXTGRAMMATIK

C Verknüpfungen in Texten

▸ Der Begriff *Text* ist ein Lehnwort aus dem Lateinischen und bedeutet *Gewebe* oder *Geflecht*. So wie bei Stoffen (Textilien) die Fäden zu einer Einheit zusammengewoben werden, so werden auch bei Texten die einzelnen Sätze zu einer Einheit **verknüpft**.

▸ Zur **Verknüpfung** der Sätze gibt es einige Möglichkeiten:

1 Konjunktionen – Bindewörter

*Sie ist in Mathematik die Klassenbeste, schreibt die schönsten Geschichten und spricht perfekt Englisch. **Doch** im Sport ist sie eine Niete.*

2 Adverbien – Umstandswörter

***Zuerst** faltet man das Blatt Ecke auf Ecke, sodass ein Dreieck entsteht. **Dann** schlägt man die Ecke nach vorne und hinten um.*

3 Vor- und Rückverweise

*Der Regenwurm atmet durch die Haut. **Dazu** muss sie feucht sein.* – Rückverweis

*Zum Backen brauchst du **folgende** Zutaten: 3 Eier, 20 dag Butter …* – Vorverweis

4 Pro-Formen

*Das Baby wog bei der Geburt knapp über 3 Kilo und war 50 cm groß. Das **Neugeborene** … oder **Es** …*

5 Satzglieder umstellen

Die Sekretärin ist die rechte Hand des Chefs.
Sie bereitet jeden Tag alle Unterlagen für die Verhandlungen vor.
Sie vergisst nie einen Termin.

Die Sekretärin ist die rechte Hand des Chefs.
***Jeden Tag** bereitet sie …*
***Nie** vergisst sie …*

98 Unterstreiche in den folgenden Textbeispielen die Konjunktionen und Adverbien, die eine Verknüpfung der Sätze vornehmen.

BEISPIEL Ich warte nun schon eine halbe Stunde auf meinen Freund. Aber er kommt nicht. Wahrscheinlich hat er auf unsere Verabredung vergessen.

1. Wir waren in einer Almhütte auf Urlaub. Allerdings regnete es drei Tage lang in Strömen. Am vierten Tag schien endlich die Sonne.

2. Wintersport in den Alpen gehört zu den schönsten Freizeiterlebnissen. Leider verunglücken jährlich zahlreiche Menschen auf unseren Schipisten. Viele Verunglückte sind aber selbst schuld, weil sie zu schnell und rücksichtslos unterwegs sind.

3. Um 15 Uhr war Treffpunkt, um die Rückreise anzutreten. Alle waren schon da, doch Max fehlte. Vielleicht war er noch auf dem WC.

99 **!** Wörter, die auf andere Textstellen verweisen, sind hier unterstrichen. Ziehe einen Pfeil. Übermale die Textstellen, auf die verwiesen wird.

Der Regenwurm

Sein Körper besteht aus Ringen. Diese werden auch Segmente genannt.

Um sich fortzubewegen, macht der Wurm die Ringe abwechselnd dick und dünn. Dadurch kriecht er vorwärts.

Bei Hitze und Kälte lebt der Regenwurm tief unter der Erde. Dort ernährt er sich von Pflanzenteilen, die er in seine Gänge hinunterzieht.

Nur bei Regen verlässt er seine Behausung. Zum Schutz vor Sonne besitzt das Tier Lichtsinneszellen. Damit erkennt es zu viel Licht und kann sich auf diese Weise vor dem Austrocknen retten.

100 Setze Fehlendes ein, damit ein flüssiger Text entsteht.

~~dagegen~~ , weil , ~~sie~~ , ~~im Gegensatz~~ , auch

Die Edeltanne hat ihren Namen von ihrem stolzen Wuchs. **Sie** heißt ____ Weißtanne nach ihrer hellen, glatten Rinde, ~~dagegen~~ *im Gegensatz* zu der roten Rinde einer Fichte. Ein weiterer Name ist Silbertanne, *weil* ihre stumpfen Nadeln zwei weiße Längsstreifen aufweisen. Die Fichte hat *auch* *dagegen* spitze Nadeln.

EINFÜHRUNG IN DIE TEXTGRAMMATIK

X ◢ # TEST 10 – Kleine Textgrammatik

Testdauer: 10 min

1. Kreuze an. Achtung, es sind immer zwei Lösungen richtig! Kontrolliere mit dem Lösungsheft und setze für jede richtige Lösung ein Häkchen.

1. Zu den Texten, die informieren, gehören:

☐ Ortschronik ☐ Legende ☐ Sachbuch ☐ Gedicht

2. Zu den Texten, die appellieren, gehören:

☐ Werbeplakat ☐ Ansichtskarte ☐ Erzählung ☐ Bittgesuch

3. Zu den Texten, die unterhalten, gehören:

☐ Geschäftsbrief ☐ Pferderoman ☐ Sciencefiction ☐ Bericht

4. Zu den Texten, die Kontakt herstellen können, gehören:

☐ Notizzettel ☐ Kochrezept ☐ Ansichtskarte ☐ Privatbrief

5. Zu den Texten, bei denen man sich etwas notiert, gehören:

☐ Einkaufsliste ☐ Tagebuch ☐ Zeitungsbericht ☐ Ansuchen

2. Ergänze die Leerstellen mit Wörtern aus der Wortleiste.

> wieder – doch – erneut – auch – im Gegenteil – und – nicht einmal – sogar

Nach einem extrem kalten Winter vergessen die Menschen schnell

_____ das Thema Klimaerwärmung. _____

– manche sprechen _____ von einer neuen Eiszeit. _____

ein darauf folgender Rekordsommer mit Temperaturen an die 40 Grad

_____ die lang anhaltende Dürre sorgen _____ für

Diskussionen. _____ Klimaforscher lehnen es ab, auf Grund

eines Jahres von einschneidenden Klimaveränderungen zu sprechen.

_____ ein Beobachtungszeitraum von mehreren Jahren

kann zu eindeutigen Aussagen führen.

Gesamtzahl der Lösungen: 18

Anzahl meiner richtigen Lösungen:

Ab 14 richtigen Lösungen und mehr kannst du zufrieden sein. Bei weniger als 14 solltest du dir die Seiten 96 bis 101 noch einmal anschauen.

EINFÜHRUNG IN DIE TEXTGRAMMATIK

X   KREUZE AN

1   2   3 *

☐ ☐ ☐   **1.** Ich kann einen Unsinntext in einen sinnvollen Text umformen. (Übung 92, Seite 97)

☐ ☐ ☐   **2.** Ich kann Sätze dem Anfang oder Ende eines Textes zuordnen. (Übung 93, Seite 97)

☐ ☐ ☐   **3.** Ich kann Sätze in eine logische Reihenfolge bringen. (Übung 94, Seite 97)

☐ ☐ ☐   **4.** Ich erkenne die Funktionen von verschiedenen Textsorten. (Übung 95, Seite 99)

☐ ☐ ☐   **5.** Ich kann für verschiedene Situationen den entsprechenden Text auswählen. (Übung 96, Seite 99)

☐ ☐ ☐   **6.** Ich kenne Anrede- und Schlussformeln für persönliche Briefe und Geschäftsbriefe. (Übung 97, Seite 99)

☐ ☐ ☐   **7.** Ich erkenne Konjunktionen und Adverbien, die Sätze verknüpfen. (Übungen 98 und 100, Seite 101)

☐ ☐ ☐   **8.** Ich erkenne, auf welche Textstellen sich Verweiswörter beziehen. (Übung 99, Seite 101)

☐ ☐ ☐   **9.** Ich kann mein Wissen über Texte in einer Prüfungssituation anwenden. (Test 10, Seite 102)

* Anmerkung
1 bedeutet: perfekt – alle Aufgaben richtig
2 bedeutet: ausreichend – mehr als die Hälfte der Aufgaben richtig
3 bedeutet: nicht ausreichend – weniger als die Hälfte der Aufgaben richtig

SACHTEXTE ENTSCHLÜSSELN

SACHTEXTE ENTSCHLÜSSELN

Exzerpieren/Kurzfassungen schreiben

A Exzerpieren

Stell dir vor: Deine Eltern haben dir ein tolles Handy geschenkt, eines, das du dir schon lang gewünscht hast. Du öffnest hastig die Verpackung, denn natürlich willst du das Superding so schnell wie möglich ausprobieren. Doch Fehlanzeige: Die Bedienung deines Handys scheint ziemlich kompliziert. Nach längerem, erfolglosem Herumprobieren nimmst du – bereits ein wenig genervt – die mitgelieferte 250-Seiten-Bedienungsanleitung zur Hand. Wenn du die jetzt durchackern musst, denkst du, kannst du das Handy in frühestens drei Wochen verwenden. Aber plötzlich entdeckst du gleich am Beginn des dicken Wälzers die rettende Überschrift: *Kurzanleitung für alle, die keine langen Bedienungsanleitungen lesen wollen.* Hier wird mit wenigen Worten all das erklärt, was auf den nächsten Seiten ausführlich zur Sprache kommt. Keine zehn Minuten später bist du bereits in der Lage, eine erste SMS an deinen besten Freund zu schicken:
bin jz endlich wieder erreichbar :-)
cu in 5 min im stadtpark bda !!!

Die Kurzanleitung deines Handys ist im Grunde nichts anderes als eine **Kurzfassung** der Bedienungsanleitung. Um eine solche Kurzfassung schreiben zu können, muss man zunächst die wesentlichen Bestandteile eines längeren Textes „herauspflücken", man nennt diesen Vorgang auch **exzerpieren**. Wie du das am besten machst, lernst du in diesem Kapitel.

Beim Exzerpieren kannst du folgendermaßen vorgehen:

1. Schritt: Lies dir den Text aufmerksam durch! Sollten dir Ausdrücke unklar sein, dann frag zum Beispiel deine Eltern oder Geschwister. Du kannst die Begriffe auch im Web googeln oder in einem Lexikon nachschlagen.

2. Schritt: Lies den Text ein zweites Mal! Hebe (zum Beispiel mit einem roten Textmarker) alle Wörter und Wortgruppen hervor, die dir wichtig erscheinen!

3. Schritt: Nun brauchst du nur noch die (rot) markierten Textteile zu lesen. Kennzeichne jetzt mit einem zB blauen Stift zusätzlich die besonders wichtigen Teile.

4. Schritt: Schreib diese besonders wichtigen Informationen heraus. Dies ist sowohl in Tabellenform als auch in Form einer Mind-Map (Gedanken-Landkarte) möglich.

101 ‼ Im Folgenden kannst du das eben Gelesene gleich ausprobieren:

Ausgekracht!

Sie waren schrill gekleidet und kümmerten sich nicht um gängige Modevorschriften. Sie hörten ihre eigene Musik, hatten ihren Tanzstil und sogar so etwas wie eine eigene Sprache.

Die Rede ist von den „Krochan", die im Jahr 2007 erstmals in Österreich auftauchten. Jugendliche, die sich selbst als „Krocha" bezeichneten (der Begriff leitet sich vom Wienerischen „einikrochn", also hineinkrachen, ab), bevölkerten von 2007 bis 2009 die Straßen Wiens und sorgten in weiten Teilen der Bevölkerung für Aufregung. Später schwappte die Krocha-Welle auch auf die ländlichen Regionen Österreichs über, konnte sich dort aber nicht sehr lange halten. Bereits 2008 war der ganze Spuk um die Krocha-Szene schon wieder vorbei. Lediglich vereinzelte Elemente, wie etwa die Mode, sind bis heute erhalten geblieben.

Aber was sind die typischen Merkmale dieser Bewegung? So wie jede Jugendkultur versuchte sich auch diese vor allem durch ihre Kleidung vom Rest der Gesellschaft zu unterscheiden. Krocha trugen vorwiegend teure Markenkleidung. Zum Outfit gehörten gold- beziehungsweise silberfarbene, manchmal auch weiße Turnschuhe oder Boxerstiefel. Den Kopf eines jeden Krochas, der etwas auf sich hielt, krönte eine große, neonfarbene Designerkappe. Enge Jeans komplettierten das perfekte Krocha-Outfit.

Der sogenannte Vokuhila-Harrschnitt (**vo**rne **ku**rz, **hi**nten **la**ng) war bei den männlichen Gruppenmitgliedern sehr beliebt, die weiblichen bevorzugten dagegen geglättetes, schwarz gefärbtes oder blondiertes Haar mit schräg geschnittenen Stirnfransen.

SACHTEXTE ENTSCHLÜSSELN

Wer ein richtiger Krocha sein wollte, ging außerdem regelmäßig ins Solarium oder verwendete zumindest Bräunungscremen. Das führte zu einer oft unnatürlich wirkenden intensiv braunen Gesichtsfarbe.

Die Musik dieser Bewegung war elektronische Tanzmusik, zu der sich die Jugendlichen in ihrem eigenen Tanzstil (Schranz, Hardstyle, Jumpstyle) bewegten. Krocha selbst bezeichneten ihr Tanzen meist einfach als „krochn".

Diese Jugendkultur hatte aber auch einen ganz typischen, unverwechselbaren Sprachstil. Hier ein kurzer Schnell-kurs: „Kroch' ma eine" bedeutet „Krachen wir hinein", „fix" steht für „ja", „Bam Oida" ist Ausdruck der Fassungs-losigkeit, das „Oida" (Alter) allein kommt in fast jedem Satz vor und hat keine besondere Bedeutung.

Kritiker warfen der Gruppe vor, sie wäre keine richtige Jugendkultur, denn dazu fehlten ihr gemeinsame Ideale sowie eine Weltanschauung. Weiters wurde immer wieder ein mangelndes Gesundheitsbewusstsein angeprangert, da häufige Solariumbesuche zB Hautkrebs verursachen können. Auch die einfache Sprache der Krocha stand im Kreuzfeuer der Kritik. Sie wurde als inhaltsleer und primitiv bezeichnet.

Befürworter dagegen lobten ihr schrilles, erfrischendes Auftreten sowie ihre friedliche Gesinnung.
So schnell die Krocha aufgetaucht waren, so schnell verschwanden sie auch wieder. Bezeichneten sich Ende 2008 noch knapp 2 Prozent der 11- bis 29-Jährigen als der Gruppe zugehörig, so weiß heute kaum noch jemand, was es mit den Krochan auf sich hatte.

1. Führe jetzt die Schritte 1 bis 4 (von Seite 104) durch!

2. Versuche anschließend den fünf Erzählabschnitten die im Kasten unten angeführten Überschriften zuzuordnen und schreibe sie auf die gelben Zeilen rechts neben dem Text!
   Achtung: Zwei Überschriften fehlen! Diese sollst du selbst finden.

Musik/Tanz ▪ Allgemeines ▪ Kritik

SACHTEXTE ENTSCHLÜSSELN

102 ! Ergänze in der Tabelle die zwei fehlenden Überschriften sowie die dazugehörigen besonders wichtigen Informationen!

Überschrift	besonders wichtige Informationen
Allgemeines	Jugendliche, in Wien, ab 2007, bis 2008
Musik/Tanz	elektronische Tanzmusik, eigener Tanzstil
Kritik	mangelndes Gesundheitsbewusstsein, primitive Sprache

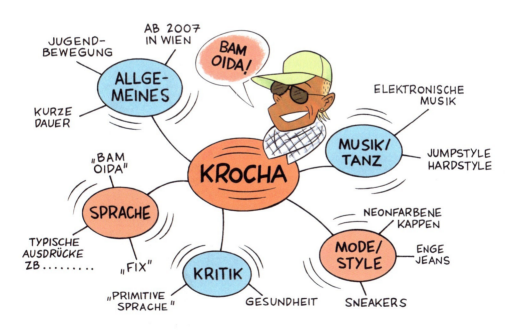

103 ! So ähnlich könnte deine Mind-Map aussehen. Natürlich kannst du wichtige Informationen, die deiner Meinung nach fehlen, ergänzen!

SACHTEXTE ENTSCHLÜSSELN

104 ! Du hast dich jetzt intensiv mit dem Ausgangstext auseinandergesetzt. Daher wird es dir nicht schwerfallen, folgende Aussagen über die Krocha auf ihren Wahrheitsgehalt zu überprüfen. Kreuze richtig an:

Aussagen	wahr	falsch
1. Die ersten Krocha traten im Jahr 2005 in Wien auf.		
2. Die bevorzugte Frisur der Burschen nennt man Vohikula.		
3. Krocha legten keinen großen Wert auf Markenkleidung.		
4. Als Jumpstyle bezeichnet man einen typischen Tanzstil.		
5. Sie trugen große Kappen in Neon-Farben.		
6. Kritiker lobten vor allem ihre gesunde Bräune.		
7. Sie verstanden es, sich besonders gewählt auszudrücken.		
8. Ende 2008 fühlten sich 2 Prozent der 11- bis 15-Jährigen dieser Jugendbewegung zugehörig.		
9. Der Titel des Textes lautet „Ausgekracht!"		
10. Die Krocha-Bewegung ging von Deutschland aus.		
11. Heute sind nur noch vereinzelte Elemente wie zB die Mode erhalten geblieben.		

105 ! Lockerungsübung für zwischendurch. Was passt nicht zum hier abgebildeten Krocha?

B Kurzfassung

Du erinnerst dich sicher noch an unsere Ausgangssituation am Beginn dieses Kapitels: Du Glückspilz hast ein neues Handy geschenkt bekommen und wolltest es sofort in Betrieb nehmen. Aber die dicke Bedienungsanleitung hatte etwas dagegen. Eine **Kurzfassung** der Bedienungsanleitung hat dich schließlich „gerettet".

Die Schreiber derartiger Kurzanleitungen gehen ähnlich vor, wie wir es gerade gemacht haben: Als Ausgangstext benutzen sie umfangreiche Bedienungsanleitungen, welche natürlich um einiges länger sind als der Übungstext über die Krocha. Trotzdem ist es dasselbe Prinzip: Wenn jemand von einem längeren Text eine Kurzform verfassen will, sollte er diesen natürlich zuerst einmal gründlich lesen.

In einem zweiten Schritt wird er das Wichtige vom nicht so Wichtigen trennen, indem er einzelne Textteile markiert und anschließend in einer Tabelle oder als Mind-Map anordnet. Auch das kannst du schon. Diesen Vorgang nennt man, wie du ja bereits weißt, **exzerpieren**. Das Exzerpieren kann dir beim Lernen (in allen Gegenständen), aber auch beim Vorbereiten von Referaten eine große Hilfe sein. All das haben wir bereits gelernt.

Nun also zum Neuen: Wenn du jetzt mit Hilfe deiner herausgeschriebenen Stichwörter einen Text verfasst, der klarerweise denselben Inhalt wie der Ausgangstext hat, nur deutlich kürzer sein sollte, nennt man die so entstandene Textsorte Kurzfassung. Üblicherweise hat die Kurzfassung nur noch ein Drittel der Länge der Vorlage. Unsere Vorlage über die Krocha umfasste ca. 400 Wörter. Eine Kurzfassung davon sollte also aus ungefähr 130 Wörtern bestehen. Doch keine Angst, das ist nur ein Richtwert. 20 Wörter auf oder ab stellen kein Problem dar. Entscheidend ist vielmehr, dass du einige wichtige Regeln beachtest:

1. Kürze die Textvorlage auf **etwa ein Drittel**!

2. Lass **keinen eigenen Kommentar** und **keine persönliche Meinung** einfließen. Die Gedanken der Textvorlage sollen nicht verändert werden!

3. Halte deine **Formulierungen kurz** und **sachlich**!

4. Übernimm keine ganzen Sätze oder längere Passagen, sondern **schreib in deinem eigenen Stil**!

Die ersten Schritte zur Kurzfassung hast du ja bereits hinter dir:
Du hast den Text gelesen, hast wichtige Stellen markiert und herausgeschrieben. Jetzt brauchst du nur noch deine Stichwörter zu einem neuen (allerdings deutlich kürzeren) Text zusammenzufügen und fertig ist deine Kurzfassung!

SACHTEXTE ENTSCHLÜSSELN

106 ‼ Hier findest du den Beginn einer Kurzversion des Textes über die Krocha. Lies dir zuerst den Ausgangstext noch einmal aufmerksam durch. Setze dann die bereits begonnene Kurzfassung fort!
Beachte: Der fertige Text soll höchstens 150 Wörter umfassen!

Ausgekracht!
Im Jahr 2007 bildete sich in Österreich die Jugendbewegung der „Krocha". Es handelte sich dabei um Wiener Jugendliche, die einen ganz speziellen Stil in Mode und Musik pflegten. So trugen sie zum Beispiel große, neonfarbene Kappen oder hörten vorwiegend elektronische Musik.

Setze nun fort:

_____

_____

_____

_____

_____

_____

_____

_____

_____

_____

_____

_____

_____

_____

_____

_____

(Eine vollständige Kurzfassung findest du im Lösungsheft.)

107 ‼ Eine abschließende Projektidee: „Der letzte Krocha"

1. Dich interessiert dieses Thema und du möchtest dich weiter damit beschäftigen? Hier hast du Gelegenheit dazu!
Verfasse ein Interview zwischen einem Reporter/einer Reporterin und dem letzten Krocha Österreichs.

So könntest du beginnen:

Reporterin:	Guten Tag, Herr Bräuner, danke, dass Sie uns heute zu sich nach Hause eingeladen haben, um mit Ihnen über Ihr Leben als Krocha zu sprechen!
Krocha:	Bam Oida!
Reporterin:	Wie bitte? Ach so, Sie reden immer noch in der alten Krocha-Sprache.
Krocha:	Fix.
Reporterin:	Wie fühlen Sie sich als letzter Krocha Österreichs?

Versuche nun das Interview fortzusetzen!

2. Anschließend kannst du das fertige Interview in verteilten Rollen zB mit einem Familienmitglied oder einem Freund/einer Freundin lesen. Versucht dabei, eure Stimmen den jeweiligen Rollen anzupassen: Die Reporterin könnte zB übereifrig oder nervös klingen, der Krocha hingegen träge gelangweilt, vielleicht sogar aggressiv …

TIPP

Du kannst das Interview auch aufnehmen. Die meisten Handys und Computer besitzen eine Aufnahmefunktion in recht guter Tonqualität.

3. Du hast immer noch nicht genug? Kein Problem: Spielt jetzt die Szene im Rollenspiel! Reporterin und Krocha müssen sich dafür zuvor natürlich in die Maske begeben (Wie ein Krocha gekleidet ist, weißt du ja bereits). Du kannst auch die Spielszene mit deinem Handy oder einer Webcam filmen und sie dir nachher gemeinsam mit deinen Freunden ansehen – Viel Spaß dabei!

Du denkst, das schaffst du nicht? „Fix schaffst du das, Oida!", würde dir ein Krocha darauf antworten.

SACHTEXTE ENTSCHLÜSSELN

X   TEST 11 – Exzerpieren, Schreiben einer Kurzfassung

Mit den folgenden Tests kannst du überprüfen, ob du in diesem Kapitel schon sattelfest bist.

TEST A – Exzerpieren   Testdauer: 30 min

Führe die 4-Schritt-Methode (siehe „Exzerpieren", Seite 104) mit dem folgenden Text durch. (Du kannst dabei entweder eine Mind-Map zeichnen oder auch eine Tabelle anlegen.)

Die Stubenhocker

Sie sitzen allein in ihren Zimmern, starren die Wand an oder liegen tagsüber stundenlang auf dem Bett. Die Vorhänge haben sie stets zugezogen, die Zimmertür ist versperrt. Den Kontakt zur Außenwelt haben sie schon vor langer Zeit abgebrochen. Sie leben also völlig zurückgezogen, ohne Familie, Freunde, Partys oder Sport.

Die Rede ist von den sogenannten Hikikomori. So werden in Japan Menschen genannt, die sich scheinbar ohne Zwang, also freiwillig, in ihren Zimmern verschanzen und praktisch keinen Kontakt zu ihrer Umwelt haben.

Hikikomori bedeutet übersetzt so viel wie „sich einschließen". In Japan sind es vor allem Burschen, die sich für ein Leben als Hikikomori entschieden haben. Nach einer Definition des japanischen Gesundheitsministeriums muss ein Mensch sich für mindestens sechs Monate von Familie und Freunden wegsperren, um als Hikikomori zu gelten. In extremen Fällen kann diese selbst gewählte Isolation Jahrzehnte dauern.   **1**

Laut einer offiziellen Schätzung leben in Japan ca. 50 000 Personen als Hikikomori. In Wahrheit dürfte die Zahl um ein Vielfaches höher sein.

Was aber sind die Ursachen einer derartigen Flucht in die eigenen vier Wände? Eine wesentliche Ursache dürfte im japanischen Schulsystem begründet liegen, in dem der Leistungsdruck besonders groß ist. Wer in Japan in der Schule versagt, hat kaum noch Chancen auf einen guten Job und somit ein glückliches, geregeltes Leben. Vorwiegend männliche Schüler, die mit diesem Druck nicht zurande kommen, sind stark gefährdet, einmal als Hikikomori zu enden.   **2**

Die Symptome (= Anzeichen) beginnen schleichend. Zu Beginn schwänzt der Jugendliche vielleicht hin und wieder die Schule. Allmählich häufen sich die Tage, an denen er nicht zum Unterricht erscheint, und irgendwann bleibt er ganz zuhause. Mit dem Rückzug einher gehen ein Verlust an Lebensfreude und Freunden sowie eine immer größer werdende Unsicherheit im Umgang mit anderen Menschen.

3

Hikikomori ziehen sich meist in einen einzigen Raum zurück. Sie verbringen dort die Tage mit Schlafen. In den Nächten dagegen sind sie häufig wach. Manche schaffen es, während der Nächte ihr Zimmer zu verlassen, andere verbringen auch die Nachtstunden in Einsamkeit.

4

Die Wiener Schriftstellerin Milena Michiko Flasar, Tochter einer japanischen Mutter und eines österreichischen Vaters, hat den Hikikomori ein literarisches Denkmal gesetzt. In ihrem 2012 erschienenen Roman „Ich nannte ihn Krawatte" wird das Schicksal eines jungen Hikikomori beschrieben, der es nach und nach schafft, seinem Leben als Stubenhocker zu entfliehen.

5

(ca. 380 Wörter)

Versuche nun, den Absätzen **1** bis **5** die angegebenen Überschriften zuzuordnen. Zwei Teilüberschriften sollst du selbst finden.

Überschriften:
Erklärung des Begriffs
Hikikomori in der Literatur
Symptome

TEST B – Kurzfassung   Testdauer: 40 min

Schreib mit Hilfe deiner Mind-Map bzw. Tabelle eine Kurzfassung des Textes. Der fertige Text soll höchstens 150 Wörter umfassen!

Eine mögliche Kurzfassung findest du im Lösungsheft.

SACHTEXTE ENTSCHLÜSSELN

X

KREUZE AN

1 2 3 *

1. Ich kann den Inhalt eines Textes nach einmaligem Lesen wiedergeben (zumindest in Grundzügen).

2. Ich erkenne beim zweiten Mal Lesen das Wichtige im Text und kann es markieren.

3. Beim dritten Durchgang schaffe ich es bereits, aus dem Markierten das besonders Wichtige herauszufiltern.

4. Ich kann eine Tabelle/Mind-Map mit dem Wesentlichen anlegen. (Hier reicht es, wenn du eines von beiden beherrschst.)

5. Es fällt mir nicht schwer, Fragen zum Text zu beantworten.

6. Ich kann mit Hilfe meiner Mind-Map (oder meiner Tabelle) eine Kurzfassung von einem längeren Ausgangstext schreiben.

7. Ich schaffe es dabei, die Länge auf etwa ein Drittel der Vorgabe zu reduzieren.

8. Meine Formulierungen sind kurz und sachlich und in meiner eigenen Sprache geschrieben.

9. Trotz der Kürzungen enthält mein Text alle wesentlichen Informationen.

10. Die Leserinnen und Leser meines Textes werden ausreichend über das Thema informiert.

* Anmerkung
1 bedeutet: perfekt
2 bedeutet: ausreichend
3 bedeutet: nicht ausreichend

PERSONEN, TIERE, RÄUME UND GEGENSTÄNDE BESCHREIBEN

A Personen beschreiben

Steckbrief:

Ein Steckbrief ist die wahrscheinlich kürzeste Art der Personenbeschreibung. Sicher hast du schon einmal einen geschrieben.

Zur Wiederholung: Bei einem Steckbrief werden die wesentlichen Merkmale und Besonderheiten einer Person in Kurzform aufgelistet. So erfährt man beispielsweise etwas über Geschlecht, Alter, Größe sowie Besonderheiten dieses Menschen. Im Wilden Westen wurden Steckbriefe zu gefährlichen Revolverhelden und Banditen plakatiert, oft wurde ein hohes Kopfgeld für die Ergreifung des Gesuchten angegeben.

108 **!** Versetze dich in die Rolle des Sheriffs einer Stadt im Wilden Westen.

Heute Vormittag ist in seiner Stadt die Bank ausgeraubt worden. 5000 Dollar wurden dabei gestohlen. Nach Aussagen mehrerer Augenzeugen war der Bankräuber ganz in Schwarz gekleidet, von hagerer Gestalt und trug eine auffällige Stoffklappe über dem rechten Auge. Außerdem war dem Schalterbeamten, der bei dem Überfall zum Glück unverletzt blieb, aufgefallen, dass der Räuber mit spanischem Akzent sprach. Nachdem er das Geld ausgehändigt bekommen hatte, verschwand der Bandit auf einem braun-weiß gefleckten Hengst in Richtung Süden.

Der Sheriff hat nun die Aufgabe, einen Steckbrief über den Gesuchten zu verfassen. Hilf ihm dabei! (Fehlende Informationen kannst du dazuerfinden.)

Wanted dead or alive

Geschlecht:

Alter:

Größe:

Körperbau:

Körperhaltung:

Besonderheiten:

Kopfgeld:

Einen Muster-Steckbrief findest du im Lösungsheft.

Bei dem Banditen handelt es sich um den landesweit gesuchten „Ugly Joe". Joe hat die Stadt längst auf seinem geliebten Hengst „Tornado" verlassen. Er ist inzwischen über eine Stunde im Sattel und wähnt sich in Sicherheit. An einem kleinen Fluss macht er Halt, um seinen Durst zu löschen, denn wie immer, wenn er eine Bank überfallen hat, hat er diese unangenehm trockene Kehle. Also steigt er vom Pferd, befreit Tornado von seinem Sattel und geht die Uferböschung hinunter. Als er sich mit dem angenehm kühlen Wasser erfrischt hat, legt er sich kurz ins Gras. Für höchstens zehn Minuten, wie er meint. In Gedanken malt er sich bereits aus, was er mit dem erbeuteten Geld alles machen wird. Mit sich und der Welt zufrieden schlummert er ein ...

Als Ugly Joe erwacht, ist es stockfinster. Er muss über acht Stunden geschlafen haben. Ärgerlich schleppt er sich die Flussböschung hinauf, um Tornado erneut zu satteln und weiterzureiten. Doch oben angekommen traut er seinen Augen nicht: Sein geliebter Hengst ist weg! Er ist allein hier mitten in der Wildnis ohne Proviant, ohne Pferd und bestimmt ist ihm der Sheriff bereits dicht auf den Fersen. Joe schultert den Sattel (das ist alles, was ihm von Tornado geblieben ist) und setzt seine Flucht zu Fuß fort.

109 ! Scherzfrage zwischendurch:
Wie nennt man einen Cowboy, dem sein Pferd davongelaufen ist?

Es graut der Morgen, als Ugly Joe die Kleinstadt Desert Hole erreicht. Er ist die ganze Nacht durchgegangen, den schweren Ledersattel auf den Schultern. Vor dem Saloon sitzt ein alter Cowboy. Diesen fragt Joe, ob er vielleicht ein herrenloses Pferd vorbeikommen gesehen habe. Der Cowboy blinzelt ihn mit zusammengekniffenen Augen an und sagt dann mit brüchiger Stimme: „Hier kommen eine Menge Pferde vorbei. Wir sind ja schließlich im Wilden Westen. Wenn du wissen willst, ob auch dein Pferd darunter war, musst du es mir schon genauer beschreiben!"

B Tiere beschreiben

Damit du ein Tier beschreiben kannst, brauchst du das Tier selbst bzw. ein Bild davon und genügend Informationen darüber. Handelt es sich um dein Haustier, das du beschreiben sollst, ist es einfach, denn kaum jemand kennt deinen Liebling besser als du. Sollst du aber ein dir fremdes Tier beschreiben (zB einen Elefanten oder eben Ugly Joes Pferd), bist du auf Bücher, Zeitschriften, das Internet oder Experten angewiesen.

So kannst du deine Tierbeschreibung aufbauen:
▶ **Gesamteindruck:** Tiergattung, Rasse, Geschlecht sowie Charaktereigenschaften
▶ **Beschreibung:** Körperbau, Kopfform, Gliedmaßen, Fell, Federn, Schuppen ...; Größe, Farben; Laute ...
▶ **Besonderheiten:** besondere Merkmale, Verhalten in verschiedenen Situationen, Angewohnheiten

Wichtig: Tierbeschreibungen (wie auch Beschreibungen von Gegenständen und Personen) werden immer im **Präsens (Gegenwart)** geschrieben. Beschrieben wird das, was man sieht und wahrnimmt. Besonders wichtig sind auch passende Adjektive sowie treffende Bezeichnungen der Körperteile (wie zB Panzer, Pelz, Deckfedern, Krallen, Pfoten, Nüstern, Schnauze ...)

110 ! Kennst du noch weitere „tierische" Körperteile?

Ugly Joe beschreibt dem alten Cowboy sein Pferd folgendermaßen:

	Teile

Tornado

Tornado ist ein reinrassiger Araberhengst. Grundsätzlich hat er einen sehr gutmütigen Charakter. Er ist geduldig und lässt sich willig und problemlos reiten. Wenn er aber müde oder abgespannt ist, kann er auch ziemlich gereizt reagieren. Dann beginnt er störrisch zu wiehern und verweigert mir das Aufsitzen.

Mein treuer Gefährte hat einen kräftigen, muskulösen Körper, ohne dabei dick zu wirken. Sein Kopf ist – wie es bei Pferden üblich ist – länglich. Auch die Beine wirken ziemlich lang und sehnig, sodass man bei Dunkelheit den Eindruck gewinnen kann, man stehe einem vierbeinigen Stelzengeher gegenüber. Tornado ist hoch gewachsen. Wenn ein erwachsener Mann neben ihm steht, wird er durch Tornados Rücken immer noch deutlich überragt. Sein ganzer Körper ist von einem braun-weiß gefleckten Fell bedeckt. Zwischen den Nüstern befindet sich ein besonders leuchtend weißer Fleck. Das sieht aus, als habe man Tornado gerade beim Naschen eines Faschingskrapfen ertappt. Und das ist gar nicht so abwegig, denn Tornado liebt Süßigkeiten über alles. Seine Hauptnahrung besteht trotzdem vor allem aus Gräsern, Blättern und Zweigen, sein Lieblingsgetränk ist Wasser. Tornados Stimme kann, je nach Situation, ganz unterschiedlich klingen. In Momenten der Zufriedenheit wiehert er ruhig und tief, was an das Schnurren einer Katze erinnert. Wenn er erschrickt, klingt sein Wiehern hingegen schrill und durchdringend. Eine besondere Eigenschaft ist, dass er immer wieder ausreißt. Sobald er nicht festgebunden wird, flieht er – oft tagelang – in die Einsamkeit der Prärie. Bis jetzt ist der Ausreißer aber immer wieder freiwillig zurückgekommen. Wahrscheinlich ist ihm das Leben in der Wildnis auf Dauer doch zu anstrengend und er weiß spätestens nach der ersten Nacht im Freien die Annehmlichkeiten eines Stalles und die täglichen Mahlzeiten zu schätzen.

111 ‼ Ordne der Beschreibung folgende drei Teile zu und markiere jeden Teil im Text mit einer eigenen Farbe:

▸ Gesamteindruck (Art, Rasse, Charakter des Tieres, Geschlecht)
▸ Körperbau (Form des Kopfes, Gliedmaßen, Fell, Farbe, Größe, Nahrung, Laute)
▸ Besonderheiten, Verhalten in bestimmten Situationen

Der alte Cowboy kratzt sich den struppigen grauen Bart und rückt seinen ausgefransten Hut zurecht. Dann sagt er grinsend: „Ja, ein Pferd, auf das deine Beschreibung zutrifft, habe ich vor einer halben Stunde mit einem Stück Torte im Maul aus der Bäckerei kommen gesehen!"

Bei diesen Worten streichelt er einem neben ihm sitzenden, zerlumpten Straßenköter zärtlich über den Kopf. „Dieses Bild, dein Pferd verfolgt von der Zuckerbäckerin, werde ich nie vergessen. Django und ich haben uns köstlich amüsiert." Er hält dem Hund ein Leckerli vor die Schnauze, das dieser umgehend in seinem Maul verschwinden lässt.

TIPP

Bei Tierbeschreibungen besteht die Gefahr, häufig das Wort „hat" zu verwenden. Verwende stattdessen auch folgende Ausdrücke:
befindet sich, besitzt, trägt, bedeckt ...

112 ! Finde weitere Ersatzwörter:

Weiters besteht Gefahr, das Wort „Hund" (Katze, Pferd ...) zu wiederholen. Auch hier solltest du dir einige Ersatzwörter zurechtlegen: Vierbeiner, Hengst, Mieze ...

113 ! Finde weitere Ersatzwörter:

114 ! Welche Ersatzwörter für „Tornado" findest du in der Beschreibung?

PERSONEN, TIERE, RÄUME UND GEGENSTÄNDE BESCHREIBEN

Tierbeschreibung aus einem Buch (Auszug)

Es hatte den Anschein, als wären an der Entstehung dieses Geschöpfs sämtliche existierende Hunde beteiligt gewesen. Sein Stammbaum würde sich wohl wie eine Fachzeitschrift über Hunderassen lesen, wobei zu bezweifeln war, dass dieses niedere Exemplar so etwas wie einen Stammbaum aufzuweisen hatte. Was der Hund unübersehbar aufzuweisen hatte, waren schlappe Dackelohren, ein buschiger Schwanz wie der eines Deutschen Schäferhundes und die eingedrückte Schnauze eines Boxers. Als wollte die verlogene Kreatur den Spruch, wonach Lügen kurze Beine hätten, pantomimisch darstellen, waren auch ihre Beine kurz und stämmig geraten – ähnlich denen einer Bulldogge. Den Rumpf hingegen konnte man keiner Hunderasse eindeutig zuordnen. Er erinnerte vielmehr an die gebogene Form einer Käsekrainer. Dementsprechend auch die Färbung des Fells: Beige-gelbe Inseln umgeben von einem schmutzigen, rot-braun wogenden Pelzmeer. Kurzum: Der Hund war hässlich.

Quelle: Wolfgang Ellmauer: Alles Schneewalzer! Ranshofen: Edition Innsalz 2010

Eine weitere Tierbeschreibung ist über den QR Code® oder Key abrufbar.
http://durchstarten-deutsch7.veritas.at/key/777

Key: 777

X

TEST 12 – Tierbeschreibung

TEST A Testdauer: 30 min

Beschreibe den Hund des alten Cowboys! Der Anfang ist vorgegeben, alles andere kannst du erfinden.

Tierbeschreibung: Django

Django kann man keiner Hunderasse eindeutig zuordnen. Er ist wohl das, was man landläufig Promenadenmischung nennt. Django ist ein Männchen, bei Hunden nennt man das Rüde. Seine herausragende Charaktereigenschaft ist wahrscheinlich seine Genügsamkeit. Es reicht ihm, stundenlang vorm Saloon zu sitzen und die Straße zu beobachten. Dabei begnügt er sich mit kleinen Leckerbissen, die man ihm von Zeit zu Zeit zusteckt. Wenn er allerdings längere Zeit nichts bekommt, kann er auch böse werden. Dann beginnt er zu knurren und zerrt mit den Zähnen an meinem Ärmel. Meist verhält er sich aber ruhig und friedlich.

TEST B Testdauer: 10 min

Zeichne den von dir beschriebenen Django!

PERSONEN, TIERE, RÄUME UND GEGENSTÄNDE BESCHREIBEN

C Räume beschreiben

Warm up

Während du das liest, sitzt du vermutlich in deinen eignen vier Wänden. Sieh dich jetzt in dem Zimmer, in dem du dich gerade befindest, genau um. Beginne an einem bestimmten Punkt und lass deinen Blick langsam von links nach rechts (oder umgekehrt) wandern, bis du wieder am Ausgangspunkt angelangt bist. Präge dir dabei alles so gut wie möglich ein: Möbel, Fenster, Türen usw., deren Lage, Farben und Formen.

Schließe die Augen und versuche dich an einzelne Gegenstände zu erinnern: Was hast du gesehen? Wo im Zimmer befindet es sich? Wie genau sieht es aus? Wenn jemand bei dir ist, kannst du dich auch abprüfen lassen. Dein Gegenüber nennt einen Gegenstand aus dem Zimmer und du beschreibst ihm dessen Lage und Aussehen.

BEISPIEL Das Bücherregal befindet sich gleich links neben der Zimmertür. Es ist weiß lackiert und besitzt fünf Regalfächer. Das Möbelstück ist ca. 150 cm hoch, 60 cm breit und 30 cm tief. Die unteren drei Fächer sind vollständig mit Büchern gefüllt, die oberen beiden zur Hälfte.

115 ‼ Falls dir diese Übung zu einfach erscheint, kannst du natürlich auch versuchen, gleich das ganze Zimmer zu beschreiben. Wenn es sich dabei um dein eigenes Zimmer handelt, wird dir das vermutlich nicht allzu schwerfallen.

So solltest du beim Beschreiben von Räumen vorgehen:

▸ Kläre zunächst die Lage des Zimmers in der Wohnung bzw. im Haus.

▸ Beschreibe dann seine ungefähre Größe sowie den Blick, der sich aus dem Fenster bietet.

▸ Geh nun näher auf die Einrichtung ein: Beschreibe die Möbel und Gegenstände mit ihrer genauen Lage.

▸ Zum Schluss kannst du noch auf die vorherrschenden Farben des Zimmers eingehen. Welche Stimmung vermittelt das Zimmer? Hast du eine Lieblingsecke?

TIPP

Wörter, die du beim Beschreiben von Räumen unbedingt brauchst, sind sogenannte Präpositionen (Vorwörter). Sie helfen dir, die exakte Position von Gegenständen anzugeben, zB: *auf, neben, unter, über, in, gegenüber, hinter, vor.*

Zurück zu unserem Bankräuber: Ugly Joe hat inzwischen seinen geliebten Tornado wiedergefunden. Genauer gesagt ist Tornado plötzlich neben ihm gestanden. Wie nicht anders zu erwarten, war ihm eine eisige Nacht in freier Wildbahn genug. Mit den Nüstern stupst er sein Herrchen immer wieder an, was nichts anders bedeutet als: Ich habe Durst, besorg mir bitte einen Kübel mit frischem, kühlem Wasser. Sicherheitshalber bindet Ugly Joe seinen Hengst am Geländer vor dem Saloon fest, bevor er im Stile eines Wild-West-Helden die Saloontür auftritt, um Tornado seinen Wunsch nach Wasser zu erfüllen. Vor sich erblickt er den um diese Tageszeit fast leeren Saloon. Er lässt seinen Blick langsam durch den Raum schweifen, um sich einen Überblick zu verschaffen.

PERSONEN, TIERE, RÄUME UND GEGENSTÄNDE BESCHREIBEN

PERSONEN, TIERE, RÄUME UND GEGENSTÄNDE BESCHREIBEN

X ▸ TEST 13 – Räume beschreiben

Testdauer: 30 min

Beschreibe den Westernsaloon von Seite 123!

Der Saloon befindet sich an der Hauptstraße mitten im Stadtzentrum von Desert Hole. Man betritt ihn durch eine für diese Gegend typische Doppelflügeltür. Der Gastraum hat eine quadratische Form, er ist ca. 90 qm groß. Durch ein großes Fenster links vom Eingang dringt ausreichend Licht in den Raum. Gegenüber der Eingangstür befindet sich die Garderobe. Diese besteht aus einigen rostigen Nägeln, die man in unregelmäßigen Abständen in die Holzwand geschlagen hat und die allem Anschein nach als Kleiderhaken dienen sollen.

Setze fort:

....

....

....

....

....

....

Beschreibung Western-Piano
Versuche nun das Western-Piano im Saloon näher zu beschreiben.
Beachte dabei: Bei der Beschreibung eines Gegenstandes informierst du über wesentliche Merkmale dieses Gegenstandes: Bezeichnung, evtl. Marke, Form, Farbe, Material, Alter, besondere Kennzeichen (Zustand, Schäden).

Eine Musterbeschreibung eines anderen Western-Pianos ist über den QR Code® oder Key abrufbar.
http://durchstarten-deutsch7.veritas.at/key/774

Key: 774

Der Innenraum des Saloons gefällt Ugly Joe. Er geht in seiner ihm typischen Art hinkend zur Bar und sagt: „Einen Kübel frisches Wasser für mein Pferd, Hombre!" Als der Barkeeper nicht reagiert, er hat wohl mit einer größeren Bestellung gerechnet, fügt Joe noch hinzu: „Und einen doppelten Tequila für mich!"

Endlich setzt sich der Barkeeper in Bewegung und bringt die ungewöhnliche Kombination. Ugly Joe zahlt, leert seinen Tequila in einem Zug und verlässt den Saloon, um nun Tornado sein Getränk zu servieren. Draußen drängt er seinen Hengst zur Eile, bestimmt ist ihnen der Sheriff inzwischen nähergerückt. Es gilt, rasch diese Stadt zu verlassen und die Flucht fortzusetzen. Ugly Joe schwingt sich in den Sattel, versetzt Tornado einen sanften Druck mit den Sporen und schon reiten die beiden weiter, einer ungewissen Zukunft entgegen …

PERSONEN, TIERE, RÄUME UND GEGENSTÄNDE BESCHREIBEN

| X | | | | **KREUZE AN** |

1   2   3   *

1. Ich kann einen Steckbrief im Stil des Wilden Westens verfassen.

2. Ich weiß, wie eine Tierbeschreibung aufgebaut ist.

3. Ich kann in einer Tierbeschreibung die einzelnen Abschnitte markieren und Teilüberschriften zuordnen.

4. Ich kenne mindestens vier Ersatzausdrücke für das Wort „hat".

5. Ich kenne mindestens vier Ersatzwörter für „Tier".

6. Ich kenne einige wichtige Fachausdrücke für „tierische" Körperteile.

7. Ich kann eine Tierbeschreibung verfassen.

8. Ich kann einzelne Gegenstände in meinem Zimmer bzw. mein ganzes Zimmer aus dem Gedächtnis beschreiben.

9. Ich weiß, wie ich beim Beschreiben von Räumen vorgehen soll.

10. Ich kann Präpositionen (Vorwörter), die mir die genaue Position eines Gegenstandes (eines Tieres, einer Person) angeben, richtig verwenden.

11. Ich schaffe es, die Beschreibung eines Raumes (Western-Saloons) mit Hilfe eines Bildes fertigzuschreiben.

* Anmerkung
1 bedeutet: perfekt
2 bedeutet: ausreichend
3 bedeutet: nicht ausreichend

KREATIVES SCHREIBEN

Im folgenden Kapitel ist deine Kreativität gefragt. Hier musst du dich nicht an trockene Regeln und Vorgaben, wie beispielsweise bei der Tierbeschreibung, halten. Hier geht es darum, deinen Gedanken freien Lauf zu lassen, Ideen und Geschichten, die zweifelsohne in dir schlummern, zum Leben zu erwecken. Die folgenden Übungen haben vor allem einen Zweck: Sie sollen dir Spaß machen!

A Der Haiku oder In der Kürze liegt die Würze

Bisher haben wir uns ausschließlich mit einheimischen Textformen beschäftigt. Bisher! Als Haiku bezeichnet man eine traditionelle Gedichtform. Sie ist bereits vor ca. 500 Jahren in Japan entstanden. Heute ist der Haiku weltweit verbreitet und erfreut sich immer noch großer Beliebtheit. Das besondere daran ist seine Kürze. Der Haiku gilt als die kürzeste Gedichtform der Welt.

Entscheidend für das Gelingen eines derartigen Kurzgedichts ist der Aufbau. Ein Haiku besteht meist aus drei Wortgruppen von 5 – 7 – 5 Silben (Lauteinheiten). Die Wortgruppen müssen sich nicht reimen. Haikus werden im Deutschen fast immer in drei Zeilen geschrieben. Dabei gilt die Vorgabe, dass die erste Zeile aus 5 Silben, die zweite aus 7 Silben und die dritte wiederum aus 5 Silben besteht. Das klingt jetzt vielleicht etwas kompliziert, ist es aber nicht! Das folgende Beispiel zum Thema Sommer soll dir den Aufbau eines Haikus verdeutlichen:

Haiku	Silben
Hit-ze, Son-ne, Licht,	5 Silben
ich brau-che drin-gend Küh-lung,	7 Silben
Som-mer-ge-wit-ter!	5 Silben

KREATIVES SCHREIBEN

116 ! Versuche jetzt selbst einen weiteren Haiku zum Thema Sommer zu vervollständigen. Achte auf die Silbenanzahl. Wichtig: Die Zeilen müssen sich **nicht** reimen!

Insel, Palmen, ————————————————————————————— ,

und trotzdem hab ich —————————————————————————

nach einem ————————————————————————————————— .

Kopf hoch, wenn dir nicht gleich eine Lösung einfällt. Schon ein altes japanisches Sprichwort lautet „Es ist noch kein Affe vom Baum gefallen".
Im Original liest sich das übrigens so:
可愛さ余って憎さ百倍   (gesprochen: Kawaisa amatte nikusa hyaku bai.)

Kennst du ein Sprichwort im Deutschen mit ähnlicher Bedeutung?

——

——

117 !! Das Schreiben von Haikus macht dir Spaß? Dichte nun auch zu den drei übrigen Jahreszeiten je einen Haiku. Nimm dir dafür genügend Zeit, begnüge dich nicht gleich mit der ersten Lösung, sondern feile an den Formulierungen, bis dein Haiku deiner Meinung nach ausgewogen klingt. Dabei kann es hilfreich sein, sich das Gedicht selbst oder anderen laut vorzulesen. Stellen, über die du beim lauten Vorlesen immer wieder stolperst, solltest du auf jeden Fall umschreiben.

Eine weitere Übung zu Haikus ist über den QR Code® oder Key abrufbar.
http://durchstarten-deutsch7.veritas.at/key/934

Key: 934

B **Spielidee: Ehre dem, der (am geschicktesten) lügt!**

Personen: mindestens 3 Spieler, 1 Spielleiter
Benötigte Materialien: Fremdwörterlexikon, mehrere Blätter Schreibpapier, Schreibstifte, Stoppuhr

Spielverlauf: In diesem Spiel kannst du sowohl dein Wissen als auch dein Schreibtalent beweisen. Gespielt wird in der Gruppe. Der Spielleiter (er sollte nach jeder Runde wechseln) sucht sich aus einem Fremdwörterlexikon einen Begriff aus und nennt ihn. Dieser Begriff sollte nach Möglichkeit unbekannt sein. Nun denkt sich jeder Spieler eine möglichst glaubwürdige Erklärung für den Begriff aus und schreibt diese, zusammen mit dem eigenen Namen, auf den Zettel. Beachte: Diese Erklärung sollte nicht die richtige sein, denn diese wird nur vom Spielleiter auf einen Zettel geschrieben. Jetzt werden alle Zettel eingesammelt und gemischt. Der Spielleiter liest nun alle Erklärungen vor (ohne Nennung der Namen). Jetzt schreiben alle auf einen zweiten Zettel ihre eigenen Namen sowie ihren Tipp auf, welche der Erklärungen die zutreffende war. (Um diese Runde zu verkürzen, kann man den einzelnen Erklärungen auch vorher Nummern oder Buchstaben zuordnen – also Erklärung A, Erklärung B und so weiter). Auch diese Zettel sammelt der Spielleiter wieder ein.

Es folgt die Punktevergabe: Jeder, der auf die richtige Erklärung getippt hat, bekommt einen Punkt. Diejenigen, die falsch getippt haben, bekommen keinen Punkt, dafür aber die Mitspieler, die sich die falsche Erklärung ausgedacht haben. Tippt also jemand auf eine falsche Erklärung, so wandert der Punkt zum „Schöpfer" dieser Erklärung. Der Spielleiter geht leer aus (dieser wechselt nach jeder Runde zB im Uhrzeigersinn).
Sieger ist, wer am Ende die meisten Punkte ergattern konnte.

Beispiel für eine Spielrunde:
Ilse, Karin, Paul und Martin nutzen ihre Mittagspause, um „Ehre dem, der lügt" zu spielen. Ilse ist in der ersten Runde Spielleiterin. Sie entscheidet sich für folgenden Begriff aus dem Fremdwörterlexikon: Hiragana

Die Erklärungen der Mitspieler lauten:

A) Hiragana, Noriaki: ehemaliger japanischer Fußballspieler. Wurde vor allem dadurch populär, weil er bei den Asienmeisterschaften 1964 im Spiel gegen China sieben Tore erzielte.

B) Hiragana: japanische Silbenschrift, die zur Darstellung grammatischer Beugungssenkungen verwendet wird.

C) Hiragana: wasserstoffähnliches chemisches Element, erstmals nachgewiesen 1976 an der Universität Hiragana (Nordjapan)

D) Hiragana: legendärer Ausspruch von Präsident N'gube anlässlich der Gründung des afrikanischen Staates Ghana. Bedeutet übersetzt soviel wie: Hier befindet sich seit heute die Republik Ghana.

Da bei den Erklärungen die Spielernamen fehlen, lässt sich nur schwer sagen, welche die richtige (siehe Lösungsheft) ist. Was ist dein Tipp?

KREATIVES SCHREIBEN

13

118 Hier kannst du schon einmal für die erste Spielrunde mit Freunden oder Familienmitgliedern trainieren. Erfinde für die unten angeführten Fremd-wörter besonders glaubwürdige und originelle Erklärungen und schreib sie auf die Zeilen!

Die richtigen Bedeutungen kannst du im Lexikon nachschlagen oder im Lösungs-heft nachlesen.

Okapi

Mardelle

Varikosität

Zimelie

Berserker

In diesem Kapitel ist es vor allem um deine Kreativität gegangen. Du hast zwei Möglichkeiten kennengelernt, mit „Sprache zu spielen", vielleicht hast du dadurch Feuer gefangen und der Schriftsteller in dir wurde geweckt. Derartige schöpferi-sche Leistungen sind nur schwer messbar, sie lassen sich auch kaum abprüfen. Im Vordergrund steht die Freude im Umgang mit Sprache. Daher wird in diesem Kapitel auf einen abschließenden Test und Kompetenzcheck verzichtet.

ZEITUNGSBERICHT

Als Bericht bezeichnet man eine Textsorte, die dir immer wieder im alltäglichen Leben begegnet. Egal, ob du die Zeitung liest, fernsiehst, Radio hörst oder im Internet surfst – in jedem dieser Medien wimmelt es vor Berichten. Ganz allgemein gesprochen ist ein Bericht ein Dokument, das einen Sachverhalt oder eine Handlung möglichst objektiv schildert.

119 ! Wahrscheinlich fragst du dich gerade, was „objektiv" bedeutet. Wenn du es weißt, gratuliere ich dir zu deinem tollen Wortschatz! Wenn nicht, ist das auch kein großes Problem. Schlag im Wörterbuch oder Lösungsheft nach!

Was du vor dem Schreiben eines Berichts wissen solltest:
▸ Schreib nur über Dinge, die tatsächlich passiert sind!
▸ Bleib bei deinem Bericht sachlich. Formuliere knapp, aber genau!
▸ Halte die zeitliche Reihenfolge der Ereignisse ein!
▸ Beginne mit dem Wichtigsten! In den letzten Sätzen stehen nur noch ergänzende Informationen, die man notfalls auch weglassen könnte (zB aus Platzmangel).
▸ Alle W-Fragen sollen in deinem Bericht beantwortet werden!
▸ Schreib in der Mitvergangenheit (Präteritum)!

Die **W-Fragen** lauten:
▸ **Was** ist geschehen?
▸ **Wer** war daran beteiligt?
▸ **Wann** ist es geschehen?
▸ **Wo** ist es passiert?
▸ **Wie** ist es geschehen?
▸ **Welche** Folgen hatte das Ereignis?

120 ❗ Lies den folgenden Zeitungsbericht über die Eröffnung eines Jugendzentrums. Markiere dann im Text in verschiedenen Farben die Antworten auf die W-Fragen! Schreib danach die entsprechenden Fragewörter (in den jeweiligen Farben der zugehörigen Antworten) auf die Zeilen! Vorsicht Falle: Eine W-Frage lässt sich nicht beantworten!

Titel:

W-Fragen

Die Welser Jugend hat allen Grund zur Freude. Nach nur einjähriger Bauzeit wurde das neue Jugendzentrum „Krawallo" eröffnet. Der Jugendtreff befindet sich auf dem Gelände eines ehemaligen Supermarktes, der vor zwei Jahren schließen musste. Er soll in Zukunft als Austragungsort für Konzerte, Vorträge und Workshops dienen. Bürgermeisterin Gertrude Scharner lobte in ihrer Rede die rasche Bauzeit und die geschmackvolle Einrichtung des Zentrums. Die offizielle Eröffnung nahm Landesrat Dr. Werner Kummer vor. Danach waren die Jugendlichen am Zug. Ein eigens für diesen Anlass organisiertes Rockkonzert mit lokalen Bands lockte über 300 begeisterte Zuschauer ins „Krawallo". Die Veranstaltung dauerte bis in die frühen Morgenstunden. Leider kam es nach dem Konzert zu mehreren Vandalen-Akten im Stadtzentrum. So wurden unter anderem zahlreiche öffentliche Blumenbeete verwüstet. Die Polizei schätzt den Schaden auf mehrere tausend Euro. Die Ermittlungen laufen. Davon abgesehen war es ein gelungener Auftakt für viele weitere Veranstaltungen in diesem Haus der Jugend.

Wer

121 ‼ Beantworte nun die W-Fragen mit Hilfe des Zeitungsberichts und den nebenstehenden Fragewörtern. Versuche in ganzen Sätzen zu antworten! Achtung: Pro Fragewort können auch mehrere Sätze zur Antwort kommen!

Was ist geschehen?

_____

_____

Wer war daran beteiligt?

_____

_____

Wann ist es geschehen?

_____

_____

Wo ist es passiert?

_____

_____

Wie ist es geschehen?

_____

_____

Welche Folgen hatte das Ereignis?

_____

_____

Bestimmt ist dir aufgefallen, dass der Bericht „kopflos" wirkt: Es fehlt der **Titel**. Bei Zeitungsberichten nennt man diesen auch **Schlagzeile** oder **Headline**. Eine gute Schlagzeile zeichnet sich dadurch aus, dass sie kurz und prägnant ist und das Interesse der Leserinnen und Leser weckt.

ZEITUNGSBERICHT

122 ❗ Welche der unten angeführten Schlagzeilen würdest du für den Bericht auswählen? Schreib sie auf die Zeile über den Bericht auf Seite 132! Natürlich kannst du auch eine eigene Headline erfinden!
(Im Lösungsheft findest du eine Einteilung der unten aufgelisteten Schlagzeilen in „geeignete" und „weniger geeignete".)

Schlagzeilen:
Jugendzentrum eröffnet
Wels bekommt ein wunderschönes neues Jugendzentrum
Start für „Krawallo"
Der Tag, an dem der Jugendtreff eröffnet wurde
Blumenbeete von Jugendlichen verwüstet
„Krawallo" mit Konzert eröffnet

Eigener Vorschlag:

Nachdem das Rockkonzert gut über die Bühne gegangen ist, baut der Tontechniker die Anlage ab. Das bedeutet immer wieder aufs Neue Schwerarbeit, denn manche Geräte wiegen bis zu hundert Kilogramm. Gemeinsam mit seinem Gehilfen schleppt er eine der besonders großen Boxen die Bühnentreppe hinunter, als er, durch ein Geräusch im Saal abgelenkt, ins Trudeln kommt und mit der schweren Last die Treppe hinunterstürzt. Dort bleibt er – unter dem riesigen schwarzen Ungetüm begraben – regungslos am Boden liegen …

Natürlich werden sofort Rettung und Polizei verständigt, die wenige Minuten nach dem Unfall am Tatort eintreffen. Auch Florian Flink, Reporter einer Lokalzeitung, der über das Konzert berichten sollte, ist noch vor Ort. Sofort beginnt er mit der Recherche.

Als **Recherche** bezeichnet man das eigenständige Beschaffen von Informationen. Der Journalist sammelt so, noch bevor er seinen Bericht verfasst, möglichst viele Informationen, um umfassend über das Ereignis berichten zu können. Er kann sich dabei verschiedener Methoden bedienen wie zB Interviews mit Betroffenen, Augenzeugen und Experten, Suche in Archiven oder im Internet ...

Florian Flink macht seinem Namen alle Ehre: In kürzester Zeit hat er einige Einsatzkräfte und Augenzeugen interviewt und Fotos vom Tatort geschossen. So besitzt er jetzt eine Menge Informationen, die er sich alle auf lose Notizzettel notiert hat. Zu Hause angekommen, setzt er sich vor seinen Computer, um den Text abzutippen. Doch als er die Notizzettel vor sich ausbreitet, bemerkt er, dass er etwas Wichtiges vergessen hat: Er hat sie nicht, wie er es sonst zu tun pflegt, durchnummeriert ...

123 ‼ Hilf Florian Flink, die Informationen in die richtige Reihenfolge von 1 bis 4 zu bringen! Schreibe die Ziffern in die Kästchen.

Tontechniker Hubert F. (35) stürzte beim Abbauen der Tonanlage über die Bühnentreppe, als er mit seinem Gehilfen eine große Box hinuntertrug.

Augenzeuge Ronnie U. (ein Mitglied der Hauptband des Konzerts) beobachtete, wie die beiden Männer die Box hinuntertrugen, der Tontechniker plötzlich ins Trudeln kam, stürzte und regungslos unter der Box begraben am Saalboden liegen blieb.

Laut Notarzt (Dr. Wimmer) ist der Patient derzeit nicht bei Bewusstsein, hat wahrscheinlich Knochenbrüche und Quetschungen im Brustbereich. Die Folgen sind noch nicht absehbar, derzeit besteht aber keine akute Lebensgefahr.

Der Unfall ereignete sich am 13. 7., um ca. 3 Uhr früh in Wels, nach dem Eröffnungskonzert für das neue Jugendzentrum „Krawallo".

Reporter Florian Flink merkt sofort, dass das eine „große" Story ist, ein Ereignis, welches viele Menschen interessieren dürfte und daher größer aufgemacht werden sollte. Daher begnügt er sich nicht damit, einen „normalen" Zeitungsbericht mit Schlagzeile und Text zu schreiben, also fügt er noch einige Teile hinzu.

ZEITUNGSBERICHT

Sein fertiger Bericht soll folgendermaßen aufgebaut sein:

▸ Anreißerzeile (In einem Satz wird das Thema des Berichts kurz „angerissen".)
▸ Hauptschlagzeile (Headline)
▸ Zusammenfassung des Wichtigsten (fett gedruckt)
▸ Eigentlicher Bericht
▸ Bild und Bildtext (Beschreibung des Bildes in wenigen Worten)
▸ Name des verantwortlichen Reporters

124 ❗ Einige dieser Ausdrücke kennst du bereits. Versuche sie zu erklären!

Hauptschlagzeile (Headline)

....

....

Bericht

....

....

125 ‼ Formuliere eine geeignete Anreißerzeile für den Bericht!

....

Schreib eine Zusammenfassung des Wichtigsten! (höchstens fünf Sätze)

....

....

....

....

....

....

....

126 ! Was/Wer könnte deiner Meinung nach auf Florian Flinks Foto abgebildet sein, wie könnte der Bildtext lauten?

◢ TIPP

Schreib die Reinschrift deines Berichts am Computer. Hier hast du die Möglichkeit, auch noch nachträglich einzelne Textteile zu verschieben und Bilder einzufügen. Nimm dir für diese Arbeit ausreichend Zeit, bis das Gesamtbild „stimmig" ist und du der Meinung bist, dein Bericht könnte so in einer Zeitung abgedruckt werden.

Ein weiterer ausführlicher Zeitungsbericht ist über den QR Code® oder Key abrufbar.
http://durchstarten-deutsch7.veritas.at/key/302

Key: 302

ZEITUNGSBERICHT

X **TEST 14 – Bericht**

Testdauer: 40 min

Verfasse mit Hilfe von Florian Flinks Notizen einen ausführlichen Zeitungsbericht über den Unfall im Jugendzentrum. Diese Teile sollen darin vorkommen:

▶ Anreißerzeile
▶ (geeignete) Schlagzeile
▶ Zusammenfassung
▶ Bericht
▶ Bild + Bildtext
▶ Name des Reporters

Schreib deinen Text am Computer!

X KREUZE AN

1   2   3   *

1. Ich weiß, worum es sich bei einem Zeitungsbericht handelt.

2. Ich kenne die Bedeutungen der Wörter „objektiv" und „subjektiv".

3. Ich weiß, worauf es beim Verfassen eines Berichts ankommt.

4. Ich kenne die W-Fragen.

5. Es fällt mir nicht schwer, anhand eines Berichts die W-Fragen zu beantworten.

6. Ich kann den Begriff „Schlagzeile" erklären.

7. Ich schaffe es, geeignete von ungeeigneten Schlagzeilen zu unterscheiden.

8. Ich weiß, was unter dem Begriff „Recherche" zu verstehen ist.

9. Ich kann Notizen eines Reporters in die richtige Reihenfolge bringen.

10. Ich schaffe es, einen ausführlichen Zeitungsbericht mit Anreißerzeile, Headline, Zusammenfassung, dem eigentlichen Bericht, Bild und Bildtext sowie dem Namen des Reporters zu verfassen.

* Anmerkung
1 bedeutet: perfekt
2 bedeutet: ausreichend
3 bedeutet: nicht ausreichend

DISKUTIEREN UND ARGUMENTIEREN

DISKUTIEREN UND ARGUMENTIEREN

Alle Jahre wieder, immer wenn die Sommerferien näherrücken, stellt sich in vielen Familien die Frage: Wohin soll's heuer gehen? So auch bei den Schrammeks. Die Eltern zieht es – wie nicht anders zu erwarten – zum Wandern in die Tiroler Berge. Die beiden Kinder, Simone und Paul, würden viel lieber eine Woche lang an einem Kärntner See chillen. Schon letztes Jahr hat es eine heftige Diskussion zu diesem Thema gegeben, die letztlich in Schreiduellen gipfelte, wobei „gipfeln" wörtlich zu nehmen ist: Die Eltern setzten sich nämlich durch, und sie saßen eine Woche lang auf einer entlegenen Almhütte fest. Jeden Tag wurde ein neuer kräfteraubender Gipfelsturm in Angriff genommen. Doch dieses Jahr soll das anders werden! Im Deutschunterricht hat Simone kurz vor Ferienbeginn eine Methode kennengelernt, wie man Meinungen zielgerichtet vorbringt und sich so besser durchsetzen kann: das Argumentieren. Endlich etwas, das man im wirklichen Leben brauchen kann, denkt sie sich jetzt, als sie mit ihrem Bruder Paul einen „Schlachtplan" entwirft ...

Wer argumentiert, versucht andere von einer Sache zu überzeugen. Dabei stellt er Behauptungen auf. Diese **Behauptungen** (Thesen) werden durch **Begründungen** (Argumente) gestützt. Danach können noch ein **Beispiel** oder ein **Beweis** zur Veranschaulichung hinzugefügt werden.
Kurz lässt sich der Aufbau eines Arguments im sogenannten **3-B-Schema** darstellen:

Behauptung – **B**egründung – **B**eispiel(e) bzw. **B**eweis(e)

127 ‼ Paul hat inzwischen die Zimmertür versperrt. Das soll verhindern, dass die Eltern die geheime Sitzung stören. Stichwortartig sammeln die Geschwister Behauptungen, die für einen Urlaub an einem Badesee sprechen. Hilf ihnen, zu den aufgestellten Behauptungen passende Begründungen zu finden!

BEHAUPTUNG: BEGRÜNDUNG:
GLEICHALTRIGE BADEGÄSTE . . . .
VIELE FREIZEITANGEBOTE . . . .
HÖHERER KOMFORT . . . .
BESSERE ERHOLUNG . . . .

Nun gilt es, die Eltern zu informieren. Auch sie sollen die Chance haben, sich auf die Diskussion vorzubereiten. Nachdem sie sich anfänglich noch weigern, willigen sie schließlich ein. Der Termin für die Diskussion wird für den nächsten Abend, 19 Uhr festgesetzt.

Um eine geordnete Diskussion (= Streitgespräch) führen zu können, sollten unbedingt einige Gesprächsregeln eingehalten werden:

DISKUTIEREN UND ARGUMENTIEREN

128 ❗ Versuche einige weitere Gesprächsregeln zu formulieren!

129 ‼️ Unterdessen haben sich auch die Eltern zusammengesetzt und suchen nun ihrerseits Argumente für den Wanderurlaub.
Findest du drei Argumente, die für einen Urlaub im Gebirge sprechen? Schreib sie auf (3-B-Schema!):

Argument 1:

Argument 2:

Argument 3:

130 ❗ Formulierungen, die dir bei der Diskussion helfen können:

> meiner Meinung nach ▪ ich denke, dass … ▪ aus meiner Erfahrung ▪
> alles in allem gesehen ▪ außerdem sollte man bedenken ▪
> da bin ich anderer Meinung, weil … ▪ schlussendlich kann man sagen …

Findest du noch drei weitere?

X TEST 15 – Argumentieren

Testdauer: 40 min

Nun kannst du selbst testen, wie gut du im Argumentieren bereits bist. Bestimmt unternimmst auch du mit deiner Familie hin und wieder Ausflüge. Und wahrscheinlich seid ihr euch auch nicht immer einig, wohin die Reise gehen soll. Egal ob Sommer-, Winterurlaub oder Tagesausflug. Bereite eine Diskussion vor, in der du deine Argumente ins Treffen führst. Gib auch deinen Eltern Gelegenheit, sich auf das Gespräch vorzubereiten. Halte dich dabei an die Gesprächsregeln.

Hier noch als Hilfe eine Checkliste für deine Diskussion:

▶ Nimm dir genügend Zeit, um deine Argumente vorzubereiten!

▶ Gib deinen Eltern rechtzeitig (einige Tage vorher) Bescheid, damit auch sie sich gut auf das Gespräch vorbereiten können!

▶ Überlege dir selbst, welche Argumente deine Eltern vorbringen könnten, und versuche sie schon im Vorfeld zu widerlegen!

▶ Suche im Internet, in Lexika und Zeitschriften Informationen über dein Wunschreiseziel und baue sie in deine Argumente mit ein!

▶ Sorge bei der Diskussion für eine angenehme Raumatmosphäre (Beleuchtung, frische Luft, Hintergrundmusik, Getränke, Knabbergebäck …)!

▶ Sei nicht beleidigt, wenn du dein Reiseziel nicht durchsetzen kannst! Vielleicht haben deine Eltern ja bessere Argumente gefunden.

Viel Erfolg!

Je drei ausformulierte Argumente zum Thema „Handyverbot an der Schule" sind über den QR Code® oder Key abrufbar.
http://durchstarten-deutsch7.veritas.at/key/184

Key: 184

X KREUZE AN

1   2   3   *

1. Ich kann den Begriff „Argumentieren" erklären.

2. Ich kann das 3-B-Schema erklären und anwenden.

3. Ich finde zu vorgegebenen Behauptungen passende Begründungen.

4. Ich kenne die wichtigsten Gesprächsregeln.

5. Es fällt mir nicht schwer, mindestens drei vollständige Argumente (im 3-B-Schema) zu formulieren.

6. Ich kenne mehrere, für eine Diskussion geeignete Formulierungen.

7. Ich schaffe es, eine Diskussion vorzubereiten und durchzuführen.

* Anmerkung
1 bedeutet: perfekt
2 bedeutet: ausreichend
3 bedeutet: nicht ausreichend

BRIEFE SCHREIBEN

Hanna und Adele stehen nervös im Vorzimmer der großen luxuriösen Villa. Hanna hält einen Blumenstrauß in der schwitzenden Hand. Die Spannung ist zum Greifen. Das ist wahrscheinlich der größte Moment in meinem Leben, schießt es Hanna durch den Kopf. Plötzlich dröhnt ein lautes „Und ab!" aus dem Nebenraum und die beiden Mädchen setzen sich in Bewegung ...

Einen Monat zuvor:

„Ist sie nicht traumhaft?", sagt Hanna mit verklärtem Blick in Richtung ihrer Freundin und blickt dann sofort wieder zum Bildschirm. Adele nickt, ohne die Flimmerkiste aus den Augen zu lassen. Die beiden Mädchen sitzen, wie jeden Donnerstag Abend, zwischen sechs und halb sieben vorm Fernseher. Denn um diese Zeit läuft „Glücklich verliebt", ihre absolute Lieblingsserie. In der weiblichen Hauptrolle die bezaubernde Sophie Graf. Die beiden Freundinnen sind die größten Fans dieser Schauspielerin, besitzen so ziemlich alles, was es von ihr zu bekommen gibt. In ihren Zimmern lächelt Sophie Graf von der Bettwäsche, vom Toiletten-täschchen sowie von unzähligen Posters. Als die Folge vorbei ist, sagt Adele plötzlich: „Ich würde sie sooo gern einmal kennenlernen!" Diesmal ist es Hanna, die zustimmend nickt, und wenig später googeln die beiden bereits nach einer Kontaktadresse.

Im Web findet sich die Anschrift von Sophie Grafs Management:

Künstler-Agentur Huber & Obermann
Burggasse 54
1070 Wien

Zum Glück haben die Mädchen heuer im Deutschunterricht durchgenommen, wie
man Briefe schreibt. Hastig kramen sie ihre Deutschsachen hervor und suchen
nach den entsprechenden Informationen. „Endlich etwas, das man im täglichen
Leben brauchen kann", sagt Hanna und Adele gibt ihr mit einem Nicken recht.

Schnell finden sie heraus, dass es sich bei dem zu schreibenden Brief an Sophie
Grafs Management um einen sogenannten **Normbrief** handelt.

Normbriefe oder auch Geschäftsbriefe werden an Firmen oder Behörden geschrieben. Sie sind in einem sachlichen Ton gehalten. Der Name kommt davon, dass
ihre Form an strenge Regeln (Normen) gebunden ist. Normbriefe werden heutzu-
tage üblicherweise mit dem Computer geschrieben.

131 ❗ Schreib die passenden Anredefürwörter aus dem Wortkasten in die Lücken im Brieftext unten:

> Ihnen ■ Ihrer ■ Sie ■ Ihnen

132 ❗ Ordne nun dem Normbrief die acht Teile im Wortkasten zu.

> eigentlicher Text ■ Grußformel ■ Ort und Datum ■ Absender ■ Empfänger ■ Betreff ■ Unterschrift ■ Anrede

Hanna Bäumler
Auweg 21
4005 Linz
E-Mail: hanna01@gmx.at

Künstler-Agentur Huber & Obermann
Burggasse 54
1070 Wien

Linz, 5. Oktober 2013

Betrifft: Anfrage bezüglich Sophie Graf

Sehr geehrte Damen und Herren!

Seit vielen Jahren verfolgen meine Freundin Adele und ich die

Karriere _____ Künstlerin Sophie Graf. Wir versäumen

keine Folge von „Glücklich verliebt" und sammeln so ziemlich jeden

noch so kleinen Zeitungsbericht über unser großes Idol. Daher

haben wir auch mit _____ Kontakt aufgenommen: Es ist

nämlich unser sehnlichster Wunsch, Sophie einmal persönlich

kennenzulernen. Bitte geben _____ uns Bescheid, ob es

_____ möglich wäre, den Kontakt zu Sophie herzustellen!

Mit besten Grüßen

Hanna Bäumler & Adele Stamminger

Wie du bestimmt schon bemerkt hast, werden die Anredefürwörter in Norm-briefen immer großgeschrieben.

BRIEFE SCHREIBEN

133 ‼ Wenige Tage später erhält Hanna eine eine E-Mail von der Künstler-Agentur Huber & Obermann. Versuche aus folgenden Stichwörtern eine vollständige E-Mail zu verfassen!

> Danke für das Interesse an der Serie ▪ Kontakt zu den Fans wichtig ▪
> Sophie Graf an einem Treffen interessiert ▪
> Angebot für eine kleine Nebenrolle als Statistinnen ▪ Termin vereinbaren

Bei einer E-Mail musst du nicht mehr so penibel auf die Form achten wie beim Normbrief. Es fallen Absender-/Empfängeradresse sowie Ort und Datum weg, da diese ohnehin automatisch mitgesendet werden. Es bleiben also die Anrede, natürlich der eigentliche Text, die Grußformel und dein Name.

TIPP

Lies dir deine E-Mail noch einmal durch, bevor du sie abschickst. Das kostet dich höchstens ein paar Minuten und gibt dir Gelegenheit, unnötige Flüchtigkeitsfehler zu beseitigen.

Die beiden Freundinnen können ihr Glück kaum fassen: Schon in wenigen Tagen werden sie ihr großes Idol persönlich kennenlernen. Und dann sollen sie auch noch in einer Folge der neuen Staffel mitspielen. Überglücklich fallen sie einander in die Arme. Zu Hause angekommen beschließt Adele, ihrer geliebten Oma von ihrem Glück zu berichten. Die Großmutter besitzt keinen Computer und ist auch nur schwer telefonisch zu erreichen, da sie schon sehr schlecht hört. Adele hat es sich daher zur Angewohnheit gemacht, ihr immer, wenn etwas Besonderes in ihrem Leben vorgefallen ist, einen ausführlichen Brief zu schreiben.

Persönliche (private) Briefe werden an vertraute Personen geschrieben, denen man etwas Persönliches mitteilen möchte. Die Form ist hier nicht so entscheidend. Die Anredefürwörter (du, deiner, dich, ihr, euer, euch) kannst du in persönlichen Briefen klein- oder großschreiben.

134 ‼ Setze Adeles Brief an ihre Oma fort!

Liebe Oma!

Entschuldige bitte, dass ich dir schon längere Zeit nicht geschrieben habe. Ich hatte leider immer viel zu lernen, da eine Menge Tests und Schularbeiten anstanden. Aber jetzt ist Gott sei Dank das Ärgste überstanden!
Wie geht es dir? Papa hat mir von deiner Erkältung erzählt. Ich hoffe, du hast dich inzwischen wieder einigermaßen erholt?
Bei mir gibt es großartige Neuigkeiten!

_____

_____

_____

_____

_____

_____

_____

_____

_____

_____

_____

_____

Ich freue mich schon sehr, dich wieder einmal zu sehen.

Viele Grüße und ein dickes Bussi von deiner Lieblingsenkelin, dem zukünftigen Fernsehstar ;-)
Adele

P.S.: Auch Hanna grüßt dich herzlich!

Nur wenige Wochen später sitzen die beiden Freundinnen ihrem großen Idol gegenüber. Man hat sie mit einer bestimmt sündhaft teuren Luxuslimousine von zu Hause abgeholt und nach Wien gefahren. Das Treffen findet im Speisesaal eines noblen Wiener Hotels statt. Sophie Graf ist ihnen auf Anhieb sympathisch, sodass die anfängliche Nervosität bald verflogen ist. Es entspinnt sich ein ungezwungenes Gespräch über Mode, Jungs und – natürlich – Fernsehserien, in dem sich herausstellt, dass Sophie und die Mädchen nahezu in allen Punkten den gleichen Geschmack haben. Nach etwa einer Stunde gesellt sich der Regisseur von „Glücklich verliebt" zu ihnen und erklärt Hanna und Adele ihre Rollen. Sie sollen zwei Mädchen aus dem Dorf spielen, die zu Sophie in die Villa kommen, um ihr selbstgepflückte Blumen zu überreichen. Im Film wird die Szene keine 30 Sekunden dauern, trotzdem wird alles bis ins kleinste Detail durchbesprochen.

Am darauffolgenden Tag ist es soweit: Hanna und Adele stehen nervös im Vorzimmer der großen, luxuriösen Villa. Hanna hält einen Blumenstrauß in der schwitzenden Hand. Die Spannung ist zum Greifen. Das ist wahrscheinlich der größte Moment in meinem Leben, schießt es Hanna durch den Kopf. Plötzlich dröhnt ein lautes „Und ab!" aus dem Nebenraum und die beiden Mädchen setzen sich in Bewegung ...

X ## TEST 16 – Briefe schreiben

TEST A   Testdauer: 40 min

Die Mädchen und Sophie Graf haben bei ihrem Treffen ihre Adressen ausge-
tauscht. Zwei Wochen nach dem Filmdreh erhält Hanna einen persönlichen
Brief von Sophie. Aufgeregt öffnet sie ihn und beginnt sofort zu lesen.
Was könnte Sophie den beiden Mädchen geschrieben haben?

TEST B   Testdauer: 30 min

In einem Normbrief bedankt sich Adele bei der Künstler-Agentur Huber & Obermann für das Einfädeln des Treffens mit der Schauspielerin und die damit ver-
bundene Filmrolle. Versetze dich in Adele und schreib aus ihrer Sicht den Brief.
(Du kannst den Normbrief am Computer tippen.)

BRIEFE SCHREIBEN

X

KREUZE AN

1   2   3   *

1. Ich kenne die einzelnen Teile des Normbriefes.

2. Ich kann einen persönlichen Brief fortsetzen.

3. Ich weiß, wie die Anredefürwörter in Normbriefen/ in persönlichen Briefen zu schreiben sind.

4. Ich kann eine E-Mail verfassen.

5. Ich kann einen persönlichen Brief aus der Sicht einer bekannten Schauspielerin verfassen.

6. Ich kann einen Normbrief verfassen.

* Anmerkung
1 bedeutet: perfekt
2 bedeutet: ausreichend
3 bedeutet: nicht ausreichend

LESETRAINING

Es passiert dir täglich, stündlich, eigentlich machst du es immer und überall. Du hast einen, wie auch immer gearteten Text vor dir, den du schnellstmöglich lesen sollst, weil er für dich wichtige Informationen enthält. Denk dabei an die Sportseiten der Tageszeitung, die Internet-Recherche für dein Geografie-Referat, eine Textaufgabe bei der Mathe-Schularbeit oder das Studieren der Speisekarte bei deinem Lieblingsitaliener. In jedem dieser Fälle geht es darum, einen Text möglichst schnell und sinnerfassend zu lesen. Mit den folgenden Übungen kannst du deine Lesefähigkeit trainieren und verbessern!

135 ! Lies dir zunächst den Sachtext über Mobbing durch. Falls darin Wörter vorkommen, die du nicht verstehst, unterstreiche sie und schlag anschließend im Wörterbuch nach oder frag deine Eltern bzw. Geschwister!

Mobbing in der Schule

1

Unter Mobbing in der Schule versteht man ein gegen Schülerinnen und Schüler gerichtetes Drangsalieren, Gemeinsein, Ärgern, Angreifen, Schikanieren und Sekkieren. Es kann direkt, also körperlich, oder mit Worten, aber auch indirekt (zB durch soziale Isolierung) erfolgen. Von Mobbing spricht man erst, wenn die betroffenen Schülerinnen und Schüler wiederholt und über einen längeren Zeitraum derartigen Handlungen ausgesetzt sind.

2

In einer 2007 von der Universität Koblenz-Landau (Deutschland) durchgeführten Online-Befragung, an der knapp 2000 Schülerinnen und Schüler aller Schulstufen teilnahmen, meinten 54 Prozent, dass sie von direktem Mobbing betroffen seien. Knapp 20 Prozent fühlten sich von Cyber-Mobbing, also Schikanen im Internet, bedroht. Laut dieser Untersuchung kommt direktes Mobbing eher in den unteren Schulstufen vor. Der Anteil des Cyber-Mobbings steigt mit zunehmendem Alter der Schülerinnen und Schüler an. In beiden Fällen sind Burschen häufiger in der Opferrolle als Mädchen.

3

Wenn es nach dem Schulforscher Wolfgang Melzer geht, kann man Mobbing nicht auf bestimmte Täter- und Opferpersönlichkeiten zurückführen, sondern vor allem auf das Schulklima. Der Sozialpsychologe Elliot Aronson hingegen führt Mobbing unter Schülerinnen und Schülern auf ihren Konkurrenzkampf zurück. Nach Ansicht des US-amerikanischen Psychologen Kenneth A. Dodge wiederum sind sogenannte Schulhofbullys (Bullying ist ein anderes Wort für Mobbing) emotional ungebildete Kinder, die das Verhalten anderer Menschen als aggressiv und feindselig deuten. Daher schlagen sie schon beim geringsten Anlass zu, ohne weitere Informationen einzuholen und ohne zu überlegen, wie man den Konflikt friedlich lösen könnte.

4

Es wird grundsätzlich zwischen zwei Typen von Mobbingopfern unterschieden: Die passiven Opfer und die provozierenden Opfer. Erstere sind im Allgemeinen ängstlicher und unsicherer. Sie sind in der Regel empfindlich, vorsichtig und schweigsam. Oft lehnen sie Gewalttätigkeit grundsätzlich ab.
Seltener ist das provozierende Mobbingopfer. Dieses ist normalerweise unkonzentriert und nervös, sodass sein Verhalten zu einem gespannten Verhältnis führen und somit Ärger schaffen kann.

5

Mobber weisen eine positivere Einstellung gegenüber Gewalt auf als durchschnittliche Schülerinnen und Schüler. Dabei richten sich ihre Aggressionen oft nicht nur gegen Mitschülerinnen und Mitschüler, sondern auch gegen Lehrer und Eltern. Die Mobber zeichnen sich oft durch Impulsivität und ein ausgeprägtes Bedürfnis, andere zu dominieren, aus. Viele von ihnen besitzen ein verhältnismäßig hohes Selbstvertrauen. Typisch für das Denken von Schulhofbullys sind Meinungen wie „es ist okay, jemanden zu schlagen, wenn du vor Wut ausflippst", „wenn du vor einem Kampf zurückschreckst, denken alle, du bist feige" oder „jemand, der zusammengeschlagen wird, leidet nicht wirklich so sehr".

6

Oft wechseln die Opfer, um dem Mobbing zu entgehen, die Schule. Dadurch wird aber das Opfer und nicht der Täter bestraft. Jahre später können dann Opfer von Mobbing selbst gewalttätig reagieren. Weitere Folgen sind ein selbstverletzendes Verhalten, wie zB das „Ritzen" und andere psychische Störungen.

7

Wird eine Schülerin/ein Schüler gemobbt, sollte der Fall so schnell wie möglich offengelegt und das Gespräch mit Lehrern, Eltern, der Schulleitung und nicht zuletzt der mobbenden Schülerin/dem mobbenden Schüler selbst gesucht werden. Begleitend wäre es ratsam, Trainingsprogramme anzubieten, die Schülerinnen und Schülern gewaltfreies Konfliktlösen vermitteln. In jedem Fall gilt es, nicht einfach wegzuschauen, wenn jemand in der Klasse gemobbt wird, sondern sofort einzuschreiten. So kann man dem Opfer viel Leid ersparen und hat obendrein das gute Gefühl, heldenhaft gehandelt zu haben.
(518 Wörter)

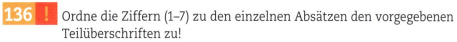
136 ❗ Ordne die Ziffern (1–7) zu den einzelnen Absätzen den vorgegebenen Teilüberschriften zu!

Absatz	Überschrift
	Folgen
	Täter
	Definition (Begriffsklärung)
	Opfer
	Verbreitung
	Hilfe
	Ursachen

137 ‼️ Lies nun den Text ein zweites Mal. Welche der folgenden zehn Aussagen sind **falsch**? Kreuze sie an ❌ !

1. Bei Mobbingopfern unterscheidet man die passiven und provozierenden Opfer.

2. Der Schulforscher Wolfgang Melzer führt Mobbing vor allem auf das Schulklima zurück.

3. An einer 2007 von der Universität Koblenz-Landau durchgeführten Online-Befragung nahmen knapp 4000 Schülerinnen und Schüler aller Schulstufen teil.

4. Der Titel des Sachtextes lautet „Mobbing und Schule".

5. Von Mobbing kann man bereits sprechen, wenn Schülerinnen und Schüler wiederholt über einen kurzen Zeitraum negativen Handlungen ausgesetzt sind.

6. Das seltenere der beiden typischen Mobbingopfer ist das provozierende.

7. Mädchen sind häufiger in der Opferrolle als Burschen.

8. Laut einer Untersuchung kommt direktes Mobbing eher in den unteren Klassenstufen vor.

9. Schulhofbullys denken „es ist okay, jemanden zu schlagen, wenn du vor Wut ausflippst".

10. Knapp 50 Prozent der Schülerinnen und Schüler fühlen sich von Cyber-Mobbing, also Schikanen im Internet, bedroht.

LESETRAINING

138 **!!** Beantworte die Fragen (in ganzen Sätzen)! Es wäre toll, wenn du es schaffst, ohne im Text nachzuschauen.

1. Wie lautet der Titel des Textes?

2. Erkläre den Begriff Mobbing (in eigenen Worten)!

3. Warum mobben laut dem US-amerikanischen Psychologen Kenneth A. Dodge eher emotional ungebildete Kinder?

4. Wechseln Mobbing-Opfer oder Täter öfter die Schule?

5. Wie kann man Schülerinnen und Schülern, die gemobbt werden, helfen?

139 **!!** Im Kapitel „Sachtexte entschlüsseln" (Seite 104) hast du bereits gelernt, worauf es beim Verfassen einer Kurzfassung ankommt. Lies dir das Kapitel noch einmal durch und schreib dann eine Kurzfassung des Textes „Mobbing in der Schule"!

STICHWORTVERZEICHNIS